神戸三宮シアター・エートーの奇跡と軌跡

芝居小屋戦記

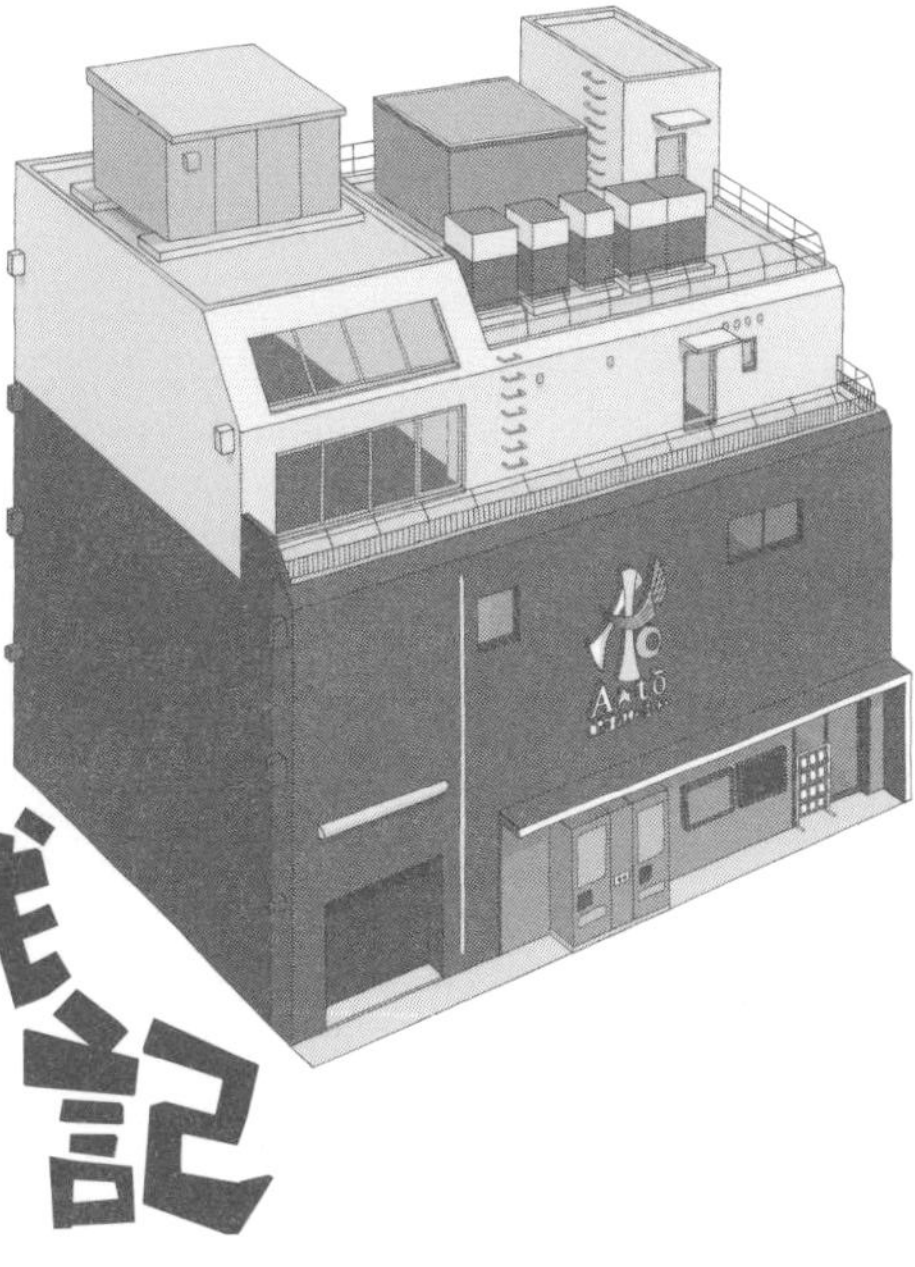

菱田信也

苦楽堂

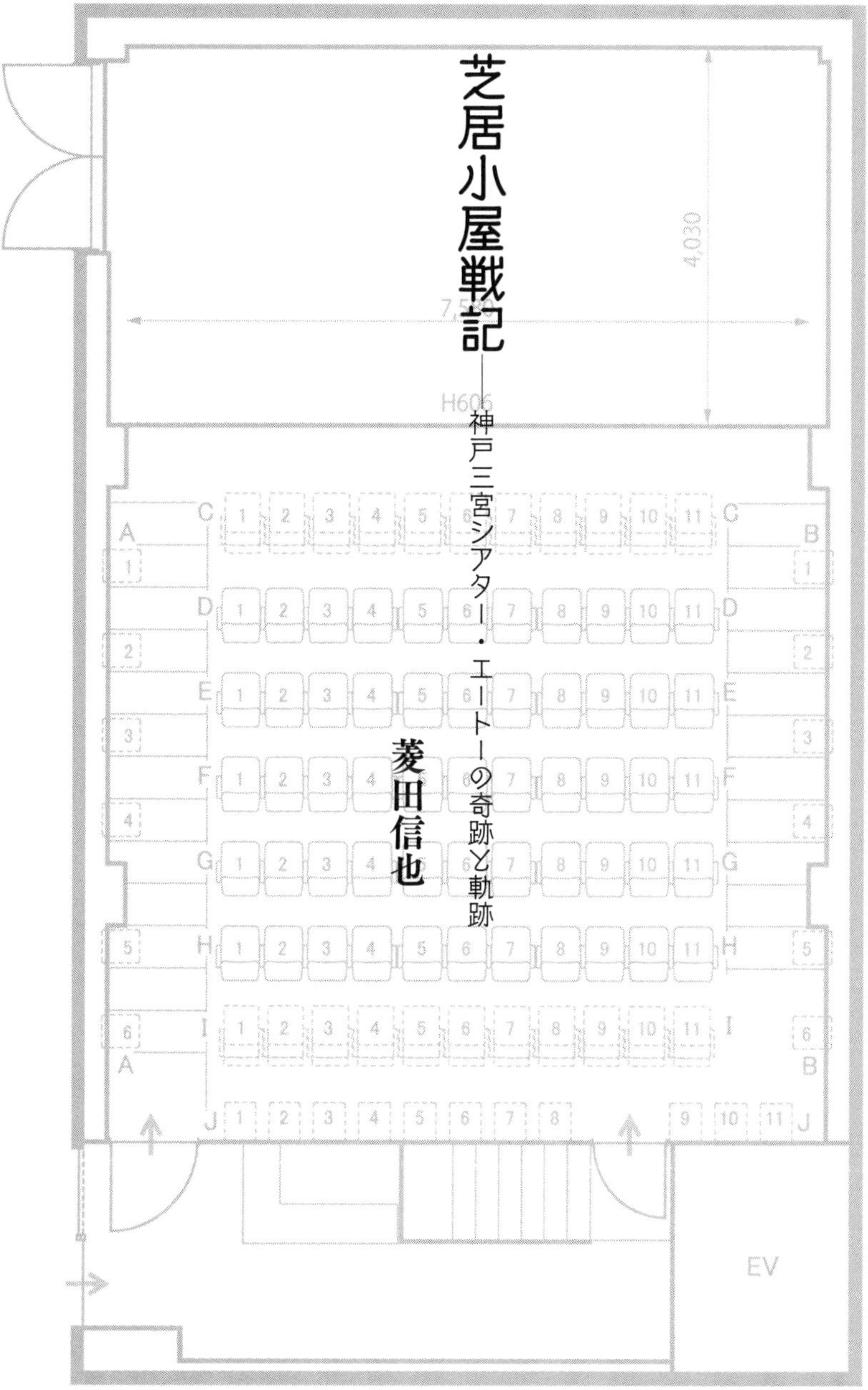

芝居小屋戦記

——神戸三宮シアター・エートーの奇跡と軌跡

菱田信也

はじめに

芝居という言葉は、寺社の境内などの芝に観客が座り、猿楽などを観たことから出来た言葉だそうです。ですからもともとは「観客席」を指す言葉ですが、いつのまにか「舞台表現全般」を指す言葉になったのです。

兵庫県の県庁所在地、2019（平成31）年4月に市制130周年を迎えた神戸市の中心地、JR三ノ宮駅から徒歩3分の場所に、2017（平成29）年4月オープンした小劇場「神戸三宮シアター・エートー」では毎月、様々なイベント（落語会、映画、歌のリサイタル、トークショーなど）や演劇公演が開催されています。私たち劇場スタッフは演目の呼び名を「イベント」「映画」「芝居」などと分けているのですが、演技も含んだ舞台表現全般を指す言葉が「芝居」であるならば、ここは「シアター」というよりもまさに「芝居小屋」なんだなと思います。

この本は「ある時、突然、街の真ん中にできた私設の芝居小屋」と、それを立ち上げた者、そこに集まってきた私たちの日々の業務をほんの少しご紹介するものです。

ではなぜ「戦記」なのか！　それがそんなにたいそうなことなのか！　というご質問には、巻末までお読みいただいた時、お答えができ、ご納得いただければ幸いに思います。

菱田信也

芝居小屋戦記——目次

第1章　可能性のない街で

――「自前で劇場を建てて、それを運営していくんです」

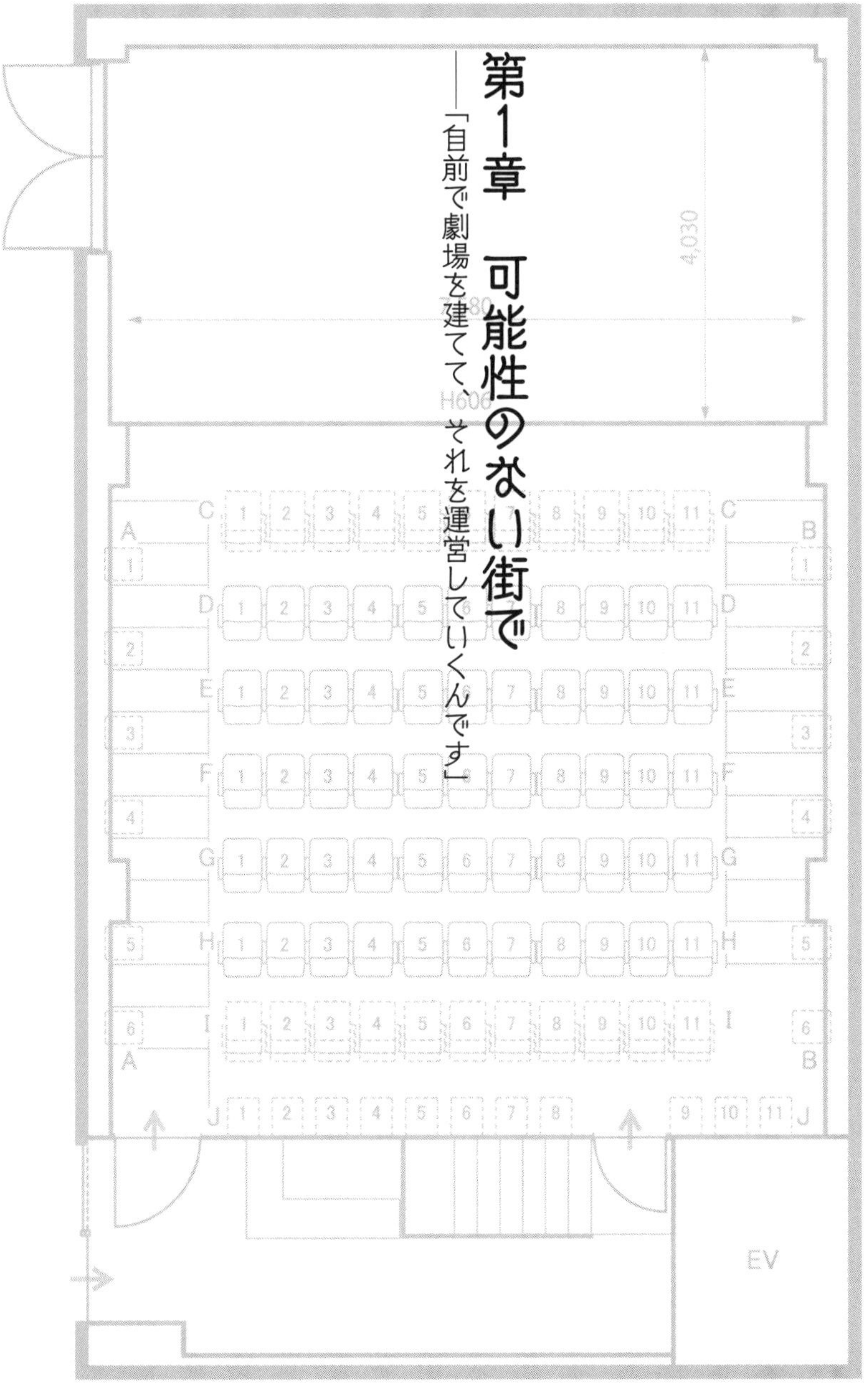

東京から地元に戻った日

「事後報告になってすみません。実は就職したんです」。

２０１６年９月。話を切り出してきたのは、酒が飲めず串カツを食いながらカルピスを飲む私の前でひたすら生中を飲み続けていた村上《むらかみ》泰児《たいじ》。１９７４(昭和49)年生まれですからこの時すでに42歳。「就職した」と言われて、えっ、そうなん？　と、ちょっと上ずった声が出たのを覚えています。

彼はハタチ過ぎからずっとフリーターで、そこからの22年間の大半なにをしていたのかというと「役者」です。とはいえテレビや映画に精力的に出演し活躍する「俳優」や、大衆演劇の一座に属して踊りや時代劇を披露し、ヒイキ筋から万札のレイを首にかけてもらうような「花形役者」ではなく、ローカルテレビ局の情報番組や再現ドラマ、小劇団の小さな小さな舞台にしか出ない（出れない）人でした。ここ数年は大阪・ミナミにあるビジネスホテルのフロントマンとして朝のチェックアウトまで働き、そのまま芝居の稽古場（公共ホールの会議室など）、小さな劇場、たまに撮影現場に通うといった「一日の大半がほぼ収入につながらない時間」を中心に過ごしていました。

一方、私は東京で半年続いた仕事を終え久しぶりに地元・神戸に戻り、芝居仲間の村上を誘って飯を食いに来たのがＪＲ三ノ宮駅の高架下にある串カツ屋だったのです。

私はこの年の2月に、7月スタートの深夜ドラマを書くお話をいただき、新宿から京王線で2駅離れた代田橋《だいたばし》に移り住んでいました。とはいえ部屋を借りたわけではなく、以前から親交のあった「劇団現代古典主義」（夏目桐利《きり》代表）の事務所兼稽古場に転がり込み、そこから連日テレビ局に通《かよ》い、打ち合わせを重ね、ひたすらホンを書いていたらあっという間に夏が過ぎていきました。

当時の私の立場は「株式会社よしもとクリエイティブ・エージェ

ンシー」（本社・東京都新宿区）と「文化人契約（業務提携）」をし、舞台・テレビ・イベントなどの脚本を委託されて書くというもので、当然、社会保障はなく、支払われるギャラに経費も交通費も含まれません。1年間、毎月決まった日に決まった額の契約金プラス、ドラマ脚本料の歩合がたまに振り込まれてくるだけで、それも1年毎に契約を更新する形でしたから、翌年も同じような状態で暮らしていけるかの保証もありません。最初に契約してから丸5年経っていましたが、仕事を探して歩き回り、書いたはものの次にいつ入金があるかわからないフリーの書き手より若干恵まれているとはいえ、先行き不透明な暮らしであるという点では村上とさして変わらない状況でした。

そもそも神戸から東京に移ったのは、前年の秋、吉本のある社員の「菱田さん、東京に来ないんですか？　力があるのにもったいない！」という一言に追い詰められたからでした。一見、親身になって勧めてくれたように聞こえますが「東京に出て馬車馬みたいに仕事して利益上げなきゃ、いいかげん契約切るからな」という、つまり脅しです。こちらも丸5年ブラブラしていたので、そこを突かれるとどうしようもない。私は神戸から出るのが嫌で生まれてこのかた49年、神戸から離れたことはなく、たまに東京の仕事が入っても通いでのらりくらりと押し通してきましたが「しまった。バレた」と思いました。

　これはもう逃げられんなとあきらめた私はとりあえず、いったん東京に出たふりをすることにしたのです。ほとぼり冷めたら勝手に帰ってりゃいい、と――。

　幸運にも東京に移ってすぐ旧知のドラマプロデューサーから直接お声をかけていただき、春から現場に入り、住み着いた稽古場と局を往復する毎日を過ごしていました。通っていた先が六本木。そこの巨大なテレビ局で、まことに華やかな芸能界の空気が充満する中、大きな予算のかかった全国放送ドラマのホンを手掛けるということは、およそ脚本を生業とした人間にとって憧れに満ちた日々のように見えるかもしれません。実際、世に脚本家と名乗る人間がごまんといる中でそのポジションに付けることは僥倖《ぎょうこう》ですし、ドラマ脚本は原稿料だってなかなかなものなのです。ではそれが私自身にとって幸福な日々なのかとなると、そんなわけでもないのです。

一言で脚本家とひとくくりにされがちですが、そこにはいくつかのカテゴリーがあります。テレビドラマの脚本家は「シナリオライター」であり、バラエティ番組の作家は「構成作家」もしくは「放送作家」です。漫才、落語など諸芸のネタを書く者は「演芸作家」「落語作家」。ざっくり「ホン屋さん」と呼ばれる場合もあります。

その中に「劇作家」というものがあります。いわゆる演劇という分野で戯曲（脚本）を書く者をこう呼びますが、他の脚本稼業と絶対的に違うのは、劇作家はビジネスとして成り立たない「自由表現者」という位置づけになるということです。「劇作」でおカネなど稼げません。たとえるならば、山の奥深くで一切売りにも出さない陶器を焼いては割り、焼いては割りしている浮世離れした仙人気取りの人と同じなのです。

無理やりないい言いかたをすれば「芸術家」でしょうか。

私の場合は39歳の春、「第57回　読売文学賞（戯曲シナリオ部門）」受賞で公的な認定をしていただいたと勝手に決め、以来、劇作家を主な肩書にしています。

しかし、しつこいようですが劇作家はおカネなど稼げないのです。自分の好きなことを好きなように書いて好きなように作る気まぐれさを信条としてるのですから世間とうまく折り合いをつける能力などないのです。

戯曲の賞をいただいてから依頼が入り出し、神戸に住み続けることを条件に数本のテレビドラマや商業舞台で稼いで家族を養ってこられたわけですが、そこからもう10年です。二十歳そこそこの夢いっぱい青少年でもあるまいし、今さら「花の東京出てってテレビで稼ぐ」のは別に心躍ることでもなんでもありません。だからといって霞《かすみ》食って生きていくわけにもいかず。シナリオと戯曲とはプロレスと太極拳くらい違うのですが、そこはそれ「書くセリフはどちらも日本語」です。とにかくただ金を稼ぐため、私は代田橋の稽古場で炊いた無洗米にシーチキン乗せて食いながらドラマ（ちなみにその時に書いていたドラマは、フランス料理の天才シェフの華麗な活躍を描いた物語でした）を書くという、まったく味気のない日々を悶々と過ごしていたのです。

串カツ屋から遡《さかのぼ》ること4カ月前。私は村上泰児ほか、関西で長年付き合ってきた、村上と同じような立場の役者さんたちに1本の芝居を書き送り、神戸で上演するよう手配していました。神戸・ＪＲ元町駅の西口前にある雑居ビルのワンフロアを改造した、30席ほどのキャパシティの小さな劇場です。本番が6月1日からの4日間。ホンを送ったのが5月頭でしたから、ドラマの初回を書くのに追われまくりながらスキを見て書いた脚本です。

私はその時、支離滅裂でいいから好き勝手になにかを書きたかったのです。

気分は完全に「アナーキー・イン・ザ・UK」でした。

実はドラマを書くこと自体は決して苦痛ではなく、それなりに楽しんでいました。とんでもない数の関係者が絡んでいるテレビ業界で、あらゆる大人の都合やら事情やらも含みつつ、パズルのピースをはめ込んでいく作業に近いので、考え抜いた挙句《あげく》にピースがはまれば達成感も大きい仕事です。しかしそこに自由度があるかと言えば否、です。ドラマの脚本は一部の大御所、ヒットメーカー以外の書き手が思った通りに書くということは絶対にあり得ません（おそらく）。それなりの額の原稿料を支払われる対価として「物語を書きたいように書けないストレス」を抱え込むのは当たり前です。

しかしそれが積み重なると「溜まった毒気を吐き出したい」と思うのは必然です。

そんなわけで――。わびしい東京暮らしと、がんじがらめになった精神を落ち着かせるために「ヤケクソででっち上げる舞台」の脚本を送りました。

しかし、そこに問題がふたつありました。

私自身が放送スタート直前のドラマ脚本の執筆に追われていて、稽古のためにいちいち関西に戻れない（普通に考えたらわかりそうなことですが）のがひとつ。もうひとつは、「村上もほとんどこの芝居に付き合えない」ということでした。この頃、彼も金にならない別の舞台の予定が入っていたのかバイトが忙しかったのか、ほとんど身動きの取れない状態だったのです。結局、出した結論は「稽古は役者が勝手に進める。村上は稽古なしで、本番の中でちょっと顔だけ出すシーンに出演する」というものでした。

「ちょっと顔だけ出すとは、どうすればいいんですか」

電話でしつこく質問してきた村上に、私は面倒くせと思いながら答えました。

「白いフンドシ一丁で舞台ウロウロしとけばええやん」。

ここまで読まれて、いつになったら「神戸三宮シアター・エートーの軌跡が始まるのだ」とお思いの方もおられるかと思いますが、このあたりの流れが後々まことに重要なポイントになるのだということをご理解いただき、我慢してお読みいただきたい。

結局、この舞台の稽古に私が参加することはできませんでした。送った脚本をもとに馴染みのメンバーが適当に動きを作り、演出家不在のまま本番初日を迎えたのです。私から「白フンドシ一丁でちょっと顔だけ出す」よう指示されていた村上はそれなりに役者としての意地もあったのか「ただ言われたままに舞台には出ない」気概を見せ、ベビーローションを全身に塗りたくるという役作りを果たして舞台に出ました。「ひと公演に必ず1本、ベビーローションを使い切る」という意味不明の枷《かせ》を自分に強《し》いた結果、毎回30人ほどの観客からは3分弱の出番にも拘《かかわ》らず、〝村上泰児がもっとも印象深かった〟というご感想をいただく結果となったのです。そして、村上がこの「白フンドシ一丁でただ舞台上をウロウロする」という役を演じたことがその後、「神戸三宮シアター・エートー」が正式に動き出すうえでひとつ、非常に大きな意味を持つことになったの

写真は２年後、同じ「白フンドシの男」キャラでエートーの舞台に登場した際のもの（撮影／有田欣吾）。

です。

串カツ屋で「就職したんです」と打ち明けられた時は一瞬たじろいだものの、よく考えれば祝福すべきことです。40も過ぎて独身のまま、いつまでも「役者らしきもの」で生きていくわけにもいきません。安定した生活が保証されれば結婚もできるでしょうし、芝居など暮らしに余裕ができれば趣味で続けていくことは可能です。もう15年近い付き合いをしてきましたが、ただの一度も出演料を払ってやったことがありません。何度か、私の仲介でドラマや舞台にチョイ役で出演させることができた程度ですし、彼がこんな浮草のような暮らしから足を洗ってまっとうな生き方を選ぶことに私が反対できるいわれもありません。

一方で、寂しさも感じました。またひとり、信頼できる芝居仲間が減っていくということもしかり、それ以上に自分自身の今後についてどうしても高揚できないのです。この時、すでに7月からスタートしたドラマは好評のうちに無事、放送を終え、私も次の企画に着手しかけていたのですが、また東京に戻らなければならないのかと思うとゲンナリするばかりです。

4年前に父親を亡くして以来、私はなぜか妙に、生まれ育った神戸という土地に抱く愛着が強くなっていました。神戸の港湾関係で商売をし、最期まで神戸を愛し続けた父親の霊でも乗り移ったのかと思うほどでした。そういうわけですから、せっかくの報告にも心の底から喜びを見せることはできなかったのです。

「正社員なんです」

この不景気なご時勢で、40過ぎた男が。なんと奇特な会社もあったもんだと思いましたが、私も大人です。精一杯の作り笑顔を浮かべて答えました。

「ほんまよかった、おめでとう。それで仕事は？　設計とか建築とか、そんなこと？」

村上泰児は工業高校卒でデザイン方面に強く、図面は読める、描ける、工具は扱えるという能力があり、舞台の裏方として大道具、小道具の製作で仕事をもらっていたことがあるのです。

「劇場を作ってます」

なるほど、と思いました。私の知らない舞台関係者のつてか何かでどこかの会社に入り、劇場建設に携わっているのだな。と。その時に私が想像したのは、どこかの雑居ビルのワンフロアを改造してその一角に芝居ができるスペースを作る、というような感じの〝小屋〟でした。6月に私たちが芝居をした小屋もまさにそのような構造であり「劇場を作る」という言葉からはその程度しか思いつきません。

「リフォームの会社やね」

「一から作ってます」

「全面改装やろ」

「改装やないです。建ててるんです」

どうも話がかみ合いません。

「建ててるとは？」

「新築の劇場を建ててるんです」

「工事現場に入ってるんやな」

私には村上が「建築会社」に就職し、毎日、現場で鳶《とび》でもしているような絵面《えづら》しか思い浮かばなかったのです。

「いや、だから。自前で劇場を建てて、それを運営していくんです。ボク、そこの社員に雇われて、今、開場準備室で働いてます」

ほとんど話が呑み込めない私に、村上はざっくりと経緯を話し始めました。

私が立ち会えなかった6月の芝居に、ある人物が観客として来場していた。公演後にその人物から連絡があり、自分は今、三宮に新築の劇場を建設している。来年新しく立ち上げるその劇場で、自主企画として上演する芝居に出演しないか。劇場は4階建て、１階が観客席１００席と舞台。3階には楽屋が完備され、4階には舞台と同じ広さの稽古場も設ける。もしもよければ劇場を運営するスタッフとして働きながら芝居に出ればいいと、誘われた……。

「誘われたって、自分（＝君）だけ？」

「はい、ぼくだけ」

「ほかにも役者おったやん。なんで自分だけなん？」

「それは――」

村上が、瞬きもせず言った顔を覚えています。

「白フンドシがよかったから、だそうです」

奇跡を呼ぶ白フンドシ――「そんな話、この世にあるか」

村上に声をかけた人物は女性でした。年齢を訊くと私とさほど変わらない。どういう人かと訊くと、かなりの資産家だと。それはそうでしょう、雑居ビルの一室に簡易のスペースを作るならいざ知らず、曲がりなりにも劇場をひとつ建設するなんて並大抵ではありません。

劇場側が自主企画として製作する舞台（これを「劇場プロデュース」

といいます）は、劇作家・演出家、故・つかこうへい氏の代表作「熱海殺人事件　売春捜査官」でした。彼女はその公演のプロデューサーであり、新しい劇場の支配人になると。しかし、村上は彼女からの誘いをいったんは断ったというのです。

　公演はこけら落とし事業として上演予定ですが、開場はその時点から10カ月後の翌２０１７年４月です。すでに本稽古前の事前リハーサルは開始されていて、それはほぼ連日、昼夜にわたって続いているため、ホテルのアルバイトがある村上にとっては到底、参加は不可能だったからです。

　すると彼女は村上にこう言ったのです。

「ホテルのバイト代くらいなら、うちの社員になれば払えます」

　つまり、正規の社員として開場準備の業務にあたりつつ、役者として稽古に出て舞台に出演すればいい、社会保障もあるし、稽古も業務として、その間の給料も支払う、と。

「で、今は、毎朝タイムカード押して仕事しながら稽古してます」

ここまで聞いて私は村上に言いました。
「そんな話、この世にあるか」
世の中の一般的な日常の末端に「小演劇」という分野がある。そこは経済的にはまったく成立しない世界であって「小演劇の役者が芝居やってて給料もらえる」などということは、この先、この国に革命が起きても決して叶わない、SFよりも現実味のない事態です。

しかし、それが今、この白フン男の身に起きているのです。

いったいこの国に「小演劇の役者」が何万人、生息しているのか。

そのうちの何千人かは、首都圏で虎視眈々と「食っていける」状況をいつか勝ち取るべく、狭い稽古場とバイト先を往復する苦行の日々に耐えています。テレビ局や制作会社が集中する東京ならば浮上する可能性は決してゼロではないからです。しかし「その可能性はまずない」関西に潜んで過ごしている何百人かの中で、なぜこの男が、なぜこの白フンが、宝くじを当てるより確率の低い奇跡的な僥倖に浴しているのか。

——奇跡を呼ぶ白フンドシ。

何杯目かのカルピスを飲みながら、私の脳裏にそんな言葉が浮かびました。

私はその時、自分の現状を「くすぶってる」と思っていました。吉本と業務提携しているとはいえ、基本的にはフリーの個人事業主です。食っていくためには気乗りのしない書き物をこなし、それに時間を取られ、書きたい芝居も書けない、作れない。安定した収入を確保できればこの「ブスブスとくすぶった」状態から抜け出せるのですが、そんな事態は絶対に起こりえない。

ところが、今、目の前でビール飲みながら串カツ食べて顔を脂でテラテラさせている男は、そこをやすやすと突破しているのです。「この白フンドシに乗っかろう」。私はほぼ瞬間的に、現状打破へ向けて一歩、足を踏み込みました。

「ちょっとその人に会わせてくれるか」。私は村上に彼女との面会を求めました。

新劇場の支配人である大下順子（現姓前田、現芸名・大志田詢子）に、村上を通じて面会のアポイントを取り、指定された開場準備室に出向いたのは串カツ屋から2カ月後でした。

神戸三宮の中心地に経つ巨大テナントビル、センタープラザに構えた小さなオフィス。そこで村上はデスクを与えられ、パソコン相手に劇場設備機材の発注業務に勤しんでいました。

実はこの直前、翌年の春に新しく開場される「神戸三宮シアター・エートー」に関する記事が神戸新聞に掲載され、大下順子が趣旨についてインタビューに答えていました。

神戸に来春新たな小劇場　地元拠点の女優が夢実現
２０１６年11月19日付　神戸新聞

神戸・ＪＲ三ノ宮駅近くに来春、新たな小劇場がオープンする。神戸を拠点に活動する女優が、阪神・淡路大震災の後から温めてきた夢を実現。演劇に限らず、幅広い用途での利用も呼び掛ける。神戸は東京や大阪に比べて民間の小劇場が少なく、演劇文化の発信拠点としての期待が高まる。（豊田 修）

神戸市須磨区の前田順子さん（49）。大阪芸術大でバレエを学び、同大の非常勤講師も務めた。阪神・淡路大震災では同市中央区で被災。その後、親友の死を機に「社会に役立つ活動を」と一昨年、劇団を結成した。児童虐待防止を啓発するイベントも開いている。

劇場の名称「神戸三宮シアター・エートー」は、同大のキャンパスにあるプレハブ「A棟」がモチーフ。かつては関西の代表的な劇団「劇団☆新感線」の拠点[*1]となるなど多くの演劇人らを輩出した。学生時代と同様、「お金にはならないが、演劇に情熱を燃やせる場所に」と名付けた。

JR三ノ宮駅から北へ徒歩約3分、約160平方メートルの

＊1　拠点
この神戸新聞記事では「劇団☆新感線」だけが挙げられているが、同時期に同じ大阪芸術大で結成された「南河内万歳一座」（座長・内藤裕敬）も「A棟」を拠点としていた。「A棟は舞台芸術学科の付帯設備でしたが、学科を越えて学生が使っていました。南河内万歳一座や劇団☆新感線だけでなく、松尾貴史さん、木下ほうかさんなど、多くの方がA棟で創作活動に取り組んでいました」（大志田詢子支配人）

> 敷地に4階建ての劇場を建設。1階は舞台と客席、3階に楽屋や事務所、シャワー室などを設ける。最大１００席（立ち見１５０人）を収容できる。演劇のほか、落語や映画、伝統芸能などの利用を想定し、床材はヒノキを用いる。
>
> 　完成は来年2月で、4月にプレビュー公演、こけら落とし公演は6月に予定している。演目は劇作家つかこうへいさんの代表作の一つ、「熱海殺人事件　売春捜査官」で、前田さんはプロデューサーを務める。
>
> 　現在は劇場支配人として開設準備に奔走する前田さんは「震災後にやっと食べられた塩むすびに生きていることを実感した。悔いなく大切に生きるという当たり前のことを、演じる側も見る側も感じられる場所になれば」と話す。

大下順子の、プロデューサーとしての発想はこの記事に集約されています。しかし私が個人的に知りたかったのは、このプロジェクトを進めている母体がどういうものなのか、ということでした。後述しますが、劇場運営というビジネスには莫大な経費がかかり、その投資を回収することは容易ではありません。いわゆる「ハコモノ」行政の、自治体が運営する公共施設（市民会館、ホールなど）で補填《ほてん》のための助成金があるならいざ知らず、新劇場は完全な私設です。

新聞のインタビューで大下が話している中に動機は込められていても、それを実現できる裏付けは示されていません。《お金にはならないが、演劇に情熱を燃やせる場所に》の実現には「それを可能にできる経済的な支え」がなければ、絵に描いた餅です。

新しい小劇場が神戸に誕生するということは、神戸で生まれ育ち、神戸で作品を作り続けてきた劇作家にとっては大きな希望になります。しかしこの「大きな希望」は、一度叶えられたとしても、果たして継続させられる希望なのか。この先10年、いやせめて5年は「舞台の作り手」で食っていける状態を確保するためにも、私は新劇場開設の背景がどれだけ確かなものなのかをなんとしても知りたかったのです。

　会議室で初めて対面した大下順子は新聞記事で見たビジネススーツの落ち着いたイメージとは違い、キャップに黒革のライダースジャケットで、こちらの予想のちょっと斜め上にある雰囲気。幼少時からバレエに励み、大阪芸術大学舞台芸術学科卒業という経歴らしい細身にアバンギャルドさをまとった女性でした。聞くと、１９６７（昭和42）年生まれ。私とまったくのタメで、同年代ではちょっと見かけない空気を発散させていました。劇場の模型や図面をテーブルに置き、スマホ片手にいったん話し出すと、胸中の思いが脳神経の指示より先に口から溢《あふ》れ出す勢いで、記事にも書かれていた大阪芸大時代から続く情熱をひたすらストレートに語り続けるのです。

　このスタミナは尋常じゃない、それが第一印象でした。

　この時の面会でようやく劇場運営の背景がハッキリわかりました。劇場プロジェクトを推進しているのは大下順子ですが、運営母体は「スミレ会グループ」。神戸市内に北須磨病院、名谷《みょうだに》病院、伊《い》川谷《かわだに》病院と2つのクリニック、ほか県外に5つの病院。全国各地に多くの介護老人ホーム、特別養護老人ホーム、そして福祉専門学校に幼稚園まで擁する、総従業員数3000名弱、年商数百億円の巨大組織。大下順子はこのスミレ会グループのトップ、前田　章《あきら》理事長の妻だったのです。

　大下順子は大阪芸術大学にかつて存在したプレハブの学生会館「A棟」での体験から新たに文化発信の拠点を作ろうとしている。そしてその計画をスミレ会グループが支援している。その構図は理解できたわけですが、私にはもう一点の疑念がありました。

　果たして、この「妻・順子」のやや常軌を逸した突飛な発想を、支援者である「夫・前田章」は本気でサポートする気があるのか。「ちょっと規格外の行動をシレっとする嫁」が突っ走り出したことに、どこまで夫は賛同しているのか。

「妻がいきなり自宅を改装して小じゃれたカフェを始めました。しかし夫がいい顔しなかったので、閉店します」。こういうことはよく耳にする話です。しかし100人収容の、一から建てる劇場を擁すビルです。自宅なら改装してもそのまま住めるのでしょうが……。

私のそんな疑問は、大下の一言で解消されました。

「この、壁に収納できる補助席、主人がアイデア出したんです。クルーザーの座席と同じにしようって！」

夫、やる気満々やん――。

その夫――前田章理事長は、スミレ会グループのウエブで、以下のような発言もしています。

当グループは医療から始まり介護・福祉・教育の4つの分野にわかれ地域社会へ貢献すべく微力ながら邁進してまいりました。しかしながら、激しく変化する社会情勢において4つの分野

シアター・エートーの補助席。

は大きく左右されております。

医療・介護制度のたび重なる改定、介護・福祉施設の飽和、少子化による廃校等様々な情勢により選択する時代から選択される時代へと大きく変化しております。

当グループとして来るべき未来の姿を予想しつつ、地域に根付いた医療サービス、「ありがとう」に出会える介護サービス、必要とされる治せるセラピストの育成に取り組み皆様に選ばれる、社会に貢献できるグループでありたいと願っております。

スミレ会グループ　理事長　前田章

（出典「理事長ご挨拶－スミレ会グループ」http://www.sumire.or.jp/greeting.html）

私はふと、神戸・北野にある劇場「シアターポシェット」を思い出しました。この劇場は１９８３（昭和58）年、小児歯科専門医だった故・佐本《さもと》進《すすむ》氏が「神戸の文化土壌を豊かにする」という理念のもと、自宅の庭地下に自費で建設、開設した100席の小劇場です。私は97（平成9）年の秋、この劇場で作品を上演させていただきました。当時、まだ公演に多くのお客様を呼べない小さな演劇グループを率いていた私に、支配人を務められていた佐本先生の奥様は常に親身に接してくださり、多くの便宜を図ってくださいました。

シアターポシェットとシアター・エートーは劇場の客席収容人数だけでなく、オーナーが同じ医師であること、私財を投じて地元に文化発信拠点を立ち上げたことなど多くの共通点があると感じました。一点違うことは、シアター・ポシェットはあくまで貸館主体であり、エートーは自主プロデュース公演に重きを置こうとしていることでした。ですからふたつの劇場はまったく運営趣旨が違います。ただ、どちらも「メセナ」なのだということに間違いありません。

メセナとは

「メセナ」【mécénat】は、芸術文化支援を意味するフランス語です。古代ローマ時代の皇帝アウグストゥスに仕え、詩人や芸術家を手厚く庇護した高官マエケナス（Maecenas）の名に由来しています。日本では、「日仏文化サミット'88〜文化と企業」を契機に企業メセナ協議会が１９９０年に発足した際、「即効的な販売促進・広告宣伝効果を求めるのではなく、社会貢献の一環として行う芸術文化支援」という意味で「メセナ」という言葉を導入し、一般に知られるようになりました。その後、マスコミなどを通じてこの言葉が広まる過程で「企業が行う社会貢献活動」といった広義の解釈で使用されることも増えました。

　メセナは、音楽、美術、演劇、舞踊、建築、映像、文学、伝統芸能、文化遺産・歴史的建造物、生活文化など、多岐にわたる芸術分野で行われています。（後略）

（出典・公益社団法人企業メセナ協議会ウェブページ　https://www.

mecenat.or.jp/ja/introduction/post/about/）

90年代前半にはすでにメセナという用語は関西でも浸透しており、多くの企業が演劇への支援活動を行っていました。1978（昭和53）年に大阪・梅田の阪急ファイブ内に開設された劇場「オレンジルーム」[*2]などはその嚆矢であり、85（昭和60）年には「大阪ガス株式会社の遊休施設を活用し、劇場・映画館・雑貨店・ギャラリー・レストランを備えた複合文化施設として」（＊大阪ガス株式会社ウェブページより）扇町ミュージアムスクエア[*3]が大阪市北区に開館されています。バブル経済の崩壊以降は少なくなりましたが、現在でも企業のサポートは多岐に渡ります。

提案書という名の陳情書

私は村上からざっくりとした劇場開設の話を聞いて以来、神戸三

＊2　オレンジルーム　大阪市北区。阪急ファイブ（現 HEP FIVE）8階のボウリング場を改装したフリースペース。定員150人。1994年2月休館。

＊3　扇町ミュージアムスクエア　略称OMS。施設内の「フォーラム」（2本の柱が残る元倉庫）が200席の劇場として使われた。南河内万歳一座と劇団☆新感線の拠点でもあった。93年にメセナ大賞を受賞。2003年3月閉館。

宮シアター・エートーの箱（ハード）が完成した後、その中身（ソフト）をどう作っていくのかという点に疑問を抱いていました。村上は入社以来、貸館規約やシステムの基本、機材の分類というハード面を整えていたのですが、「演目」というソフトに関しては手つかずのままだったのです。

　劇場ビジネスは利用者に舞台を貸し出して賃料収入を得るという形が基本ですが、村上から話を聞いた時点では、まだ賃料を払って劇場を借りてくれる公演団体はひとつも決まっていなかったのです。これは当然の話で、この劇場が半年後に開場するという情報はまだ、先述の神戸新聞の記事しか公開されていません。演劇というものは箱ができたから即公演というわけにはいきません。企画の立案から脚本の製作、キャスティングや予算組みなど、話の走り出しから上演まで短くても半年はかかります。貸館の料金設定や照明や音響機材の概要がまだ見えてこない現状では、単純に考えて、4月に開館しても向こう1年程度は何も舞台に乗せられない状況が続くことが目に見えていました。

実は大下支配人はその点も織り込み済みで、まずはプロモーションの意味も込めて劇場プロデュース企画（劇場がコストをすべて負担する自主興行）を何本も作り、積極的に公演を開催していくことを考えていたのです。しかし、2016年11月の時点で、大下支配人が運営の要とし劇場プロデュース企画として決定していた演目は、翌年4月の以下2公演のみでした。

①2017年4月1日（土）
「松尾貴史 presents　A★to プレこけら落とし記念落語会」
②4月29日（土）、30日（日）
神戸三宮シアター・エートー presents『熱海殺人事件 売春捜査官』

なぜ、この時点でまだ企画が2本しか成立していなかったのか。
この件に関しては後述します、《すべてを知る男》、劇場事務長・村上泰児インタビューにおいて明らかにさせていただきます。

劇場演目がほとんど決まっていないことに疑問を抱きつつ、私は、オフィスに出向くまで2カ月の間に、自身のプロフィールと、前年に出版した『震災脚本家　菱田シンヤ』（エピック、2015）というエッセイ本を添えたいくつかの企画書、そして、私ならこの劇場で以下の業務を請け負うことができます、という提案書を大下宛に出していました。

1、劇場にて上演するイベントの企画、製作、招聘などプロデュース業務
2、劇場にて上演するイベントの構成・脚本執筆および演出業務
3、地元新聞などマスメディアや業界団体へのプロモーション業務

ようは「オレが貸館の利用者を連れてくる、ついでになんか作らせてくれ」という陳情書です。

動機は単純です。「神戸に帰って神戸で暮らしたい」。これだけ。神戸に劇場があってそこに腰を据え、物が作れて飯が食えるなら、もう他に選択肢はありません。

神戸三宮シアター・エートーの経営基盤に不安定な要素はない。支配人となる大下順子の熱意もストレートで本気度も伝わってくる。

ただ、外側から眺めていると、ここには「オーガナイザー(organizer)」が必要だと感じました。イベントを組織し、主催し、世話をする者という意味です。脚本家として、演出家として、プロデューサーとして舞台を作り、また演劇以外のジャンルのアーティストや文化人ともセッションすることに二十代の頭からのほぼすべての時間を使ってきた私のスキルや人脈は、この劇場ならばフルに使える。だから神戸で生きていける、そんな確信がここで固まりました。

私はそれまでの劇作やドラマ脚本の仕事で、幸運にも多くの有能な女性プロデューサー諸氏に巡り合いました。物を書いていく上で、エポックメイクな瞬間をもたらせてくれたのは、なぜかいつも女性だったのです。男性の場合、とにかくまず延々と「実現させたいプラン」を語ります。個人の夢なのか事業計画なのかわからない「オレの思い」に若干の自慢話（「あの俳優も大きくなったねぇ。初めて使ったときは……」的なやつです）を散りばめながら、なぜか私の背後の壁に視線を向けて2時間ほども語り続け、最後は「そういう感じのこと、ちょっと考えておいて」で解散、そのまま連絡なしになることがほとんどです。誰かに想いを聞かせて反応が見たいのか、もしくは単にヒマだから、なのか。

しかし女性の場合は、その場でドンと話を決める人がほとんどです。

では、大下順子はどうなのか。

「大下さん。使ってもらえますか」

「契約します」

こうして私は２０１６（平成28）年12月付けでスミレ会グループ傘下企業（ジャパンメディカル株式会社）の正社員となり、新しく刷られてきた名刺の肩書は「神戸三宮シアター・エートー　芸術監督（のち「企画室　室長」と補足）」と記されました（翌年4月、よしもとクリエイティブ・エージェンシー［現・吉本興業株式会社］との業務提携を解消）。ちなみに、この道筋をつけてくれた村上泰児は「劇場事務長」。立場的には私の先輩です。東京の仮住まいや、残していた仕事をあらかた整理し、〝初出社〟で再び三宮の劇場準備室に入った時――。

「ええ、おかげさまで就職しました。村上さん、ひとつご指導ご鞭撻のほど、よろしくお願いします」と頭を下げた私に、奇跡の白フンドシが見せた迷惑そうな表情を撮っておけばよかったと、今でも後悔しています。

第2章　劇場のハードウェア

——ほんものの檜舞台のつくり方

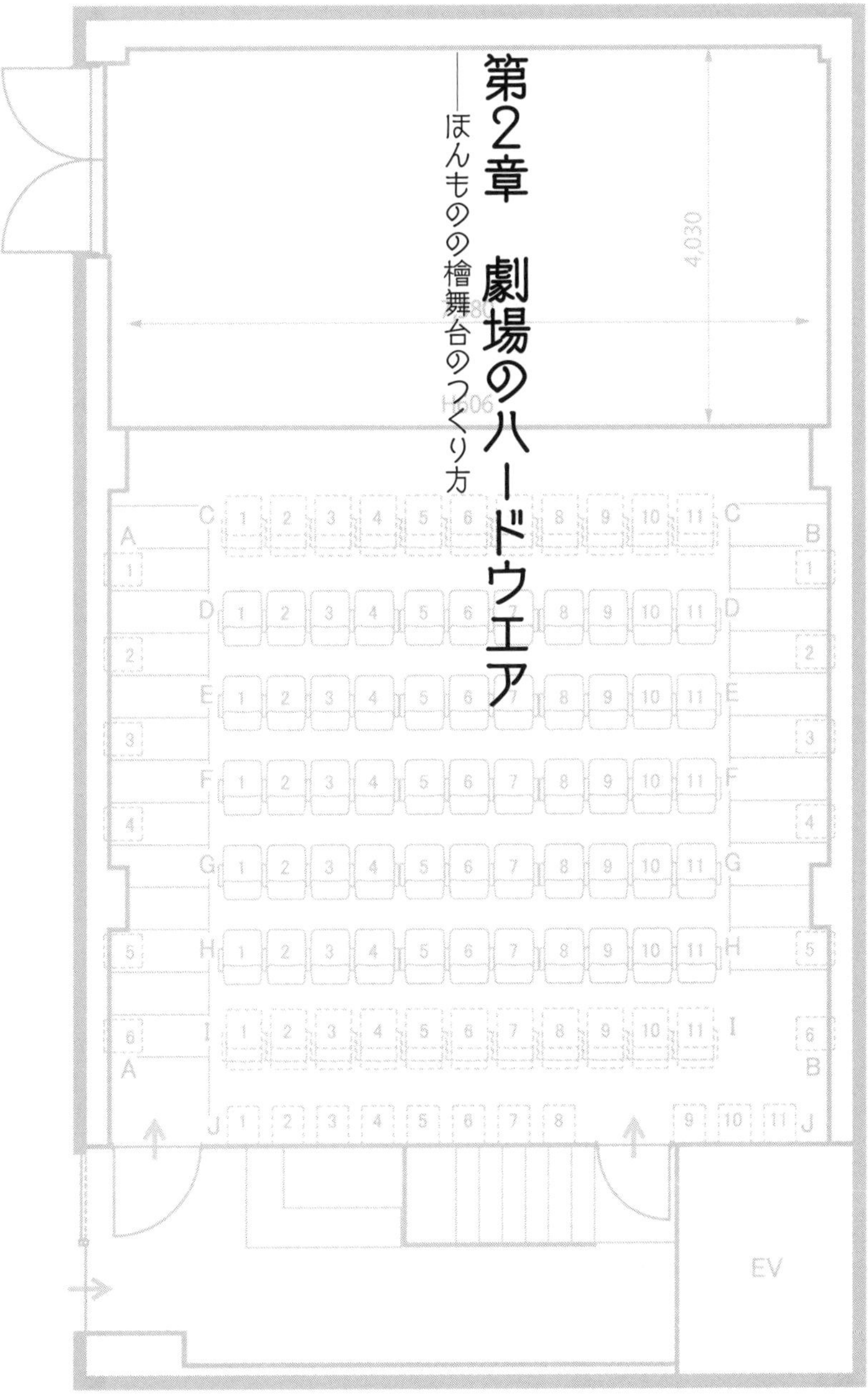

神戸三宮シアター・エートー 建設光景

元々はビルの谷間のコインパーキングだった。

地鎮祭の大下支配人(2016年3月18日)。

地面を掘り下げ、半地下式の客席を作っていく（撮影日／2016年10月16日）。

工事中の４階(奥が多目的室)。本棚風壁紙のチョイスは「人が集い、創作意欲が湧くようなものに」という大下支配人の思いから。

工事中の舞台。構造物の影が映り込んでいるホリゾント（白壁）は、投影スクリーンとしての使用も可能。左（下手）の扉は、表の道路に直結している。

この章では劇場、舞台機構の特長を知っていただくため、詳しい話を「作った人」にお聞きします。

私は劇作家として長年、戯曲を書き、舞台を作ってきましたが、「舞台を作る」には、具体的に小道具、大道具を工作し、舞台上に美術セットを「建て込む」という作業も含まれます。図面を読んだり寸法を測ったり、ほとんど建築家のような知識を求められる場合が多々あります。演劇ではいまだに「舞台奥行きが５間《けん》です（１間は１・81メートル）」など、間やら寸やら尺やらでスタッフ間の会話がなされるのですが、私はいまだに、その感覚がつかめません。「舞台ここからここまで、ほぼジャイアント馬場（身長２０９センチ）がふたり」とか「そこのふたりの間、グラン浜田（身長１６７センチ）くらい離れて！」といった、ごく一部のマニアにしか熱く共感されない表現で演出をしてきました。

私は数字に弱いのです。しかも、折り紙ひとつ、折れない不器用さ。ゆえに「舞台を作る」においては「書く」ことだけに専念してきたのですが、神戸三宮シアター・エートーのハード面を読者の皆様にご説明するにあたっては建築面でのお話も必要、とのことですので、苦しみぬいてこの章をお送りします。助けてくださるのは「作った人」＝株式会社K.設計・専務取締役の橘田《きった》智仁さんです。

シャワー完備のありえない楽屋

――神戸三宮シアター・エートーを設計された経緯や、建設時に苦労された点などについてお聞かせください。

橘田　私共はこれまで、スミレ会グループの福祉施設の設計を主に手掛けてきました。ですから正直なところ「劇場」という建物のデザインを請け負うことは初めてのことでした。商業店舗の設計はありますが、劇場作りのノウハウはありません。ですから、シアター関係を手掛ける他の会社にいろいろ相談し、手探りで始めたわけです。

――病院と劇場って、そもそも違いますよね。いきなり前田理事長から「劇場を作れ」と？
橘田　奥様（注・大下順子）と理事長、おふたりからお話をいただきました。
――大下支配人は舞台経験者で劇場にも詳しいかと思いますが、医師である理事長からもいろいろリクエストがあったんですか？
橘田　客席の選定など、全体的に高級感をというのは理事長からのお話です。
――あ。３階の支配人室の壁って、スミレ色ですよね。
橘田　はい。理事長からのご要望です。スミレ会ですから。
――おふたりから最初に出されたリクエストはなんでしたか。
橘田　まず客席数が１００の劇場をということでした。１階フロアに客席。２階に公演の際に物販ができるラウンジスペース。ここにはシンクを設置して飲料などの提供もできるように、と。３階に事務所と楽屋、シャワー、４階にスタジオ（録音・編集など）として使用する部屋、それからリハーサルに使用する多目的室を。

3階、A～D楽屋前シャワー室。

――２００～３００席以上の小屋じゃないとシャワーなんかつかないし、そもそも楽屋のない小屋はザラにありますから。

50坪弱の狭小地を活かす

橘田　元々この土地は１６２・86平米、49・２坪のコインパーキングでした。敷地としては広くない、狭くて限られた土地であることは確かです。設計上、工夫を要する問題が多かったといえます。

――具体的には、どういう問題だったんでしょうか。

橘田　まず、土地の前道が幅４メートルしかない。前面道路が狭いということは建築基準法で道路斜線制限が厳しいものになり、とくに建設予定地は高さ制限が厳しい地域でした。

――そうなるとどんな支障が出るんでしょうか。

橘田　道路斜線をオーバーして建てることができませんから、思っていたより階高が取れませんでした。つまり１階に劇場を造るのに

３階、写真奥からＡ～Ｃ楽屋。

必要な天井高を取れば、上階に行くにしたがって天井高が低く低くなってしまいます。

――……（理解が着いていかず）。

橘田　事務所に利用する一般的な建物の天井高は2400〜2500センチメートルがベストですが、エートーの3階事務所や楽屋は2200です。

――天井、だいぶ低いですよね。

橘田　つまりこの土地に、オーダーに沿った劇場空間を作るならば、他の階の天井高を低くしなければいけなかったんです。

――なんとなくわかりました。

橘田　1階には劇場の待ち合いロビーがないのですが、この土地の難点が影響していました。当初、劇場は地下に設置する予定だったんです。

――1階に受付とロビーがあり、客席は地下1階に、という構造なら他の小劇場でもよく見られる形態です。

橋田　しかし、一番最初に現地の地盤調査、ボーリング調査をした時、2メートル下の地盤に強固な岩盤があるということが判明しました。

――掘れないということですか。

橋田　掘れないわけではないのですが、掘るための重機を4メートルの前道に入れるのが難しいのと、土地を挟んだ両側の建物に影響が出る恐れがありました。最終的に、劇場空間を半地下に収めるということでまとまりました。

――高さ制限や床面積の問題があるなら、必然的にロビーのスペースは取れないですね。

　でももしかしたら、それはかえってよかったのかもしれません。

　エートーが開館以来、お客様が多い公演の場合は開場の前、劇場前に並んでお待ちいただく場合があります。その際は私やスタッフが安全確保の整理に出ます。ロビーがあれば雨風もしのげるわけで

正面入れば受付のみ。

すが、むしろ劇場の前にお客様の長い行列ができているという風景が、劇場だけでなく周囲にも活気をもたらしてくれる効果があるような気がします。難しい建築だったと思いますが、結果はヒョウタンからこま、という感じがします。

いや、公演のたび交通整理のために走り回る大変さは置いとくとして。

天井をなぜここまで高くしたのか

――ちなみに、エートーの劇場は天井がかなり高くなっています。高さ制限がある中で、劇場にこれだけのタッパ（高さ）を取ったのはどういう理由でしょうか。……って、実はボク、これがなぜか知ってるんです。上から人間を吊るためですよね。
橋田　そうです
――大下順子支配人は自ら武道や殺陣の訓練を受けるほどアクショ

照明操作金具棒を持つ船野沙織。

ンに傾倒しています。いつか、天井からワイヤーで俳優を吊り下げて移動させる演出をやりたい、そのためには……。

橋田　そういうリクエストもたしかにいただきました。

――ワイヤーを使った宙乗りの演出ってピーターパンとかスーパー歌舞伎のものです。歌舞伎座とか、梅田芸術劇場とか、収容人員３０００以上の劇場の考え方です。

橋田　いずれにしても建物の強度を上げる必要がありました。Ｓ（鉄骨）単体で作ってもＲＣ（コンクリートの中に鉄筋を埋め込んで補強した構造）で作っても、梁《はり》が大きな具材になってしまう。大きな梁が高さ２２００センチメートルの天井から出ていると、居室で頭を打ってしまいます。なにより劇場ですから構造躯体《くたい》（建物の骨組）に大きな柱を立てることはできません。ですから、エートーはＳＲＣ、つまり鉄骨鉄筋コンクリート造り（Steel Reinforced Concrete Construction）になっています。これがこの建物を建設する上のあらゆる制限の中で考えられる、もっとも強度な構造です。結果的にコストが通常より１・５倍かかりましたが、災害時の避難所として利用してもまったく問題がないくらい強固な建物になりました。

――常識外のリクエストがあったからこそ強い建物ができたということですね。

客席は客船のように

――劇場内の特徴についてお聞きします。なによりも客席ですが、あの椅子の選定にはどんな経緯があったんでしょうか。

橋田　どうやって１００席を確保するのか。限られたスペースに、まず可能な限り取ることができる舞台の広さを算出しました。敷地に合わせた最大限の広さが奥行き4メートル、幅7・8メートルになりました。

――舞台関係者っぽく言いますと奥行き2間ちょい、間口が4間ちょい。

１脚およそ10万円。

橘田　そこから計算すると、大下支配人が指定された椅子のサイズなら、77席になるということがわかったんです。

●大下順子支配人のコメント

客席については、ホール、劇場、映画館の客席製造販売「コトブキシーティング株式会社」の東京ショールームに何度も足を運び、お客様が長時間座る場合に負担をできるだけ減らせるサイズを練りました。

――あと23席をどうするか。そこで収納式の補助席ですね。あれを選んだのは前田理事長ですよね。

橘田　そうです。最終的にはあるヨットメーカーが製造しているクルーザー用の椅子をご指定になりました。この発想は我々にはなかったことでした。

――舞台関係者なら、なおさらその発想は浮かばないと思います。

貧乏ですから。

——劇場設立時、大下支配人の大きなモチベーションになった大阪芸術大学「Ａ棟」のＡの文字が客席カバーの色にあしらわれています。舞台に立った者から見ると「Ａ」が浮かぶようなデザインになっている。そこでお聞きします。椅子１００脚の総予算はどれくらいになるものなんでしょうか。

橘田　内装に関しまして私共では判断できませんが、総額１０００万は下回らないと思います。

——客席ひとつに10万かけてる小劇場は、たぶん日本にないですよ。

橘田　居住性の高さと格式の重視。これが、施主様からの最大のオーダーだったと思います。

●大下順子支配人のコメント

客席は利用者様のあらゆるニーズにお応えできるよう、手動

舞台から見た客席。

ロールバックで客席を収納した状態。

のロールバック方式で客席を収納し、フロアをフラットにすることを可能にしました。これによりオールスタンディングで１５０名が収容できるようになります。内壁は温かいイメージで木目とし、客席に向けて角度のある反響板を使用しています。また、客席後部の壁には吸音材を採用しました。これは音響工学の専門家にもご指導いただき、演者の声が最後列のお客様にも届くよう、また外部への音漏れを防ぐため、細心の配慮を払い選択したものです。

――舞台の板の素材は本ヒノキです。ヒノキ舞台とは言いますがこの規模で舞台がヒノキというのはありえません。大劇場や能舞台でしか見たことがありません。

橋田　これも、〝この劇場を一流の舞台に〟という大下支配人の強い思い入れから選定しました。

反響板を用いた木目調の内壁（写真左）。吸音材を用いた後部の壁（写真右）。

客席側から舞台を見る。

正真正銘の「ヒノキ舞台」。

つづいてお話をお伺いしましたのは「奇跡の白フン男」、村上泰児さんです。役者として、また一スタッフとして、大下支配人が劇場を立ち上げる前夜の裏表すべてを目撃していた唯一の人物。「お話を聞くという形で君を目立たせてあげよう」という私の申し出に、かなりオーバーアクト（過剰演技）気味に役作りしたキャラクターで質問にお答えくださいました。

神戸三宮シアター・エートー事務長・劇場ディレクター
村上泰児さん

機材のことなど何もわからなかった

——村上さんが２０１６（平成28）年6月に私の芝居に出て、そこで大下順子支配人から声をかけられ、正社員として劇場に勤めだし、私（菱田）が11月に劇場に入るまでの半年間で進めていた仕事につ

"立ち話しているオバ様"ではなく、工事進捗を質問する村上事務長。

いて教えていただけますか。

村上　入った当初は、当時、順子さんが主宰していた劇団の仕事から始めました。でも劇団は劇場の準備が始まってからはほとんど動かなくなって、ぼくは少しづつ劇場のハード面の準備手伝いを始めたんです。

――それは建築面についてですか。

村上　いや、ぼくが入った段階では設計や建設に関してはほぼすべてプランが出来上っていました。ぼくがやっていたのは、壁紙や、事務所のデスク、ドアノブといったインテリア系の選定です。

――では、照明や音響の機材選定に関しては？

村上　やっていません。全部、他の方が担当していました。

――他の方、とは。

村上　菱田さんも知ってますよね。

――知ってますけど、村上事務長へのインタビューなので村上さんの口から説明してほしいんです。

村上　当時、順子さんを先頭にして、主要なことを動かしていたメンバーが何人かいました。順子さんの主宰劇団時代から手伝っていた役者、外部のスタッフです。

――ほかに村上さんがやっていたことは……。

村上「熱海殺人事件　売春捜査官」の稽古ですね。

――知りたいのは、その状態からどんな流れで村上さんが劇場の機材や設備について全面的な責任者になっていったかということなんですが……。先に言っちゃいますが、私が入ってからも、機材に問題が多かったじゃないですか。

村上　はい。

――そこを具体的に説明してもらえませんか。

村上「熱海殺人事件」の稽古を進めている時、公演のスタッフとして入っていた照明家さんから、この劇場の機材がちょっと使いにくいという話を聞いたのが最初でした。劇場が完成し、導入された機材を扱ってみると、設置されているのは一部のハロゲン灯を除いてほぼすべて最新鋭のＬＥＤ照明なんですが、これは演劇用に使うには不具合が多いものだったんです。ＬＥＤは鮮やかな色合いなんですが中間色に乏しい。また点滅がハッキリしすぎていて明転や暗転といった、微妙な明かりの演出に生かせない。ＬＥＤというのは、だいたいがバンドとか、音楽ライブ用に使用されるものですから。

――村上さんは照明の機材については理解してなかったんですか。

村上　どんな機材が入ってるのかとか、まったく知ることがなかったです。

――私が劇場準備室に入ったのが11月で、その段階で決まっていた開場後の演目は2本だけでした。貸館のシステムも作っている段階だったと思いますが、率直に言って、この時「ヤバイな」とか思わなかったんですか。

村上　思いませんでしたね。

――なぜ。

村上　営業や演目作りは、ぼくが入る前からいた、ある男性スタッ

ＬＥＤ照明はライブハウス向き。

フがすべてコーディネートをするんだと思っていたからです。

――コーディネーター。

村上　はい、コーディネーター。

――Xさん、と呼びましょうか。

村上　はい、Xさん（笑）。

専門外のコーディネーター

村上　ぼくが入る以前から、順子さんの劇団の役者を使ったCMなどの映像作りをしていた方、そのXさんが、新しい劇場の機材や機構を選定したり、企画を立てたりする責任者をしていたんです。

――私が最初に準備室に入った時も、自主興行の企画作りをするスタッフとして紹介されました。

村上　ところが、Xさんは映像の撮影や編集をする方なので、そもそも舞台に関してまったく専門外だったんです。もちろん、知識はないし舞台の企画も作ったことはありません。

——その専門外のＸさんがなぜ劇場のハードとソフトの両面を担当するスタッフになったんですか。

村上　ご自分で「ぼくがやる。できる」とおっしゃったからです。

——無謀ですね。

村上　それで、Ｘさんが、ご自分の知り合いだという照明機材の業者に話をつけたんですが、その業者もライブハウスのプランニング専門だったんです。順子さんはハッキリと「演劇用に作ってください」とオーダーしてたんですが。

——村上さんが気づいた時には遅かった、と。

村上　そうなります。

——機材の選定について専門外、演目の企画についても作ることができず、それで開場半年前まで来てしまった、と。

村上　はい。

——大下支配人はそこにまったく疑問を持っていなかった？

村上　いえいえ。問題はハッキリと認識していました。ただその頃、ぼくも順子さんも劇場のシステムを作りながら手探りで営業や宣伝もやろうとしていて、ぼくが劇場パンフレットを作ったり、神戸新聞に取材依頼をしたり。でもやっぱり他にプロモーションの専門家がいなかった。スタッフはXさんの他は劇団関係の役者のみで、すべて素人です。順子さんが個人的に動くにも限界があるし……。

――困りますやん。

村上　困りました。なので、これは問題ですとぼくがXさんに意見したこともあります。

――おお、動いた。

村上　はい。技術スタッフの意見を直接聞ける立場にいましたから。でも、Xさんとあれこれ話してみてもやっぱり舞台を知らないから何も進展しない。

――私も、Xさんと演目についての話をしましたが、たしかに何も企画は出てきませんでした。これは能力とかの問題ではなくて、専門が違うから仕方ないなと思ったんですが。そこで疑問なのは、なぜ大下支配人はその人物に責任者としてそこまで任せてしまったのか。

村上　劇団時代からのお付き合いもありますし、順子さんの義理堅さですね。それに順子さんは強靭なポジティブ・シンキングの持ち主ですから。

——あと、あんまり人を疑わないよな。

村上　はい。ほぼ疑わない。で、そこに入ったぼくがたまたま役者だけでなく舞台裏のことも多少わかっていた。それで問題点を全部洗いだすことが出来た。いよいよこれは問題だとなった頃、ついに順子さんから、今後は村上君がトップですべて決めてくれと指示をもらいました。で、一スタッフから事務長という役職になったんです。ちょうどその頃に菱田さんが入ってきたんですよ。

——結局、Xさんは翌年4月のプレ開場の時にはフェードアウトしましたよね。

村上　それ、菱田さんがフェードアウトさせたんですよね。

――そうだったですかね……。まあ、これで、開場までの準備がもろもろ滞っていた謎が明らかになったと思います。スタッフの問題を経て、村上さんがはからずも技術の責任者となった。前任者の残した問題をクリアにしなければいけない立場になった時、どう感じましたか。

村上　一気に責任がのしかかってきて、どうしようかと思いましたが一方ではうれしかったですね。やっぱりやりがいを感じましたし、任せていただくということは嫌いじゃないんです。だから、「熱海殺人事件」の稽古をしながら合間にスタッフに聞いて一から機材の勉強を始めました。エートーに導入されていた照明や音響の機材の初歩的な使い方をすべて覚え、スタッフからアドバイスをいただきながら使いづらい機材の修正も進めてきました。

――照明・音響機材の問題のほかに、舞台の周りで問題点はありましたか。

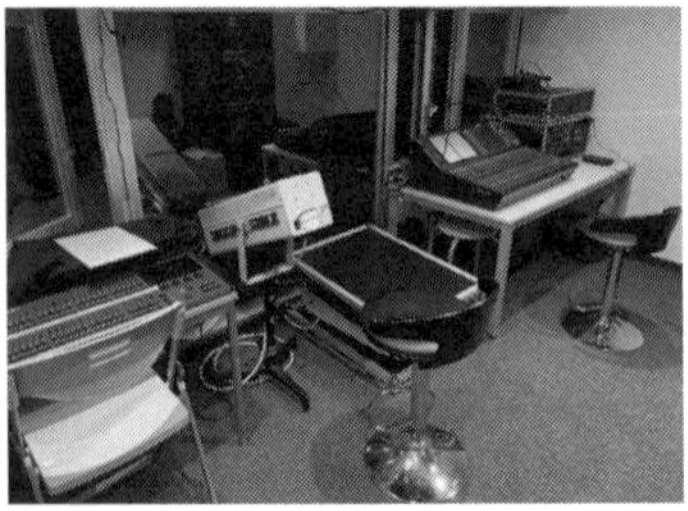

2階、音響・照明・映像を操作する調整室。

村上　細かい補修は今も常に進めているんですが、大きいのはひとつ。これは劇場が全部出来上がって、舞台の幕、つまり緞帳《どんちょう》を発注する時に初めて知ったんですが、幕を吊るためのバトンが固定されて昇降できないものだったんです。だから舞台全体を隠す重い緞帳を吊るのに、いちいち高い脚立に乗って作業しないといけない。

――なぜ昇降させる仕組みになってなかったんですか。

村上　うーん。できない理由があったのか、単純に必要ないと思ったのか。そこはハッキリしないんですが。

――普通にビルを建てる時、カーテンレールを降ろせるようにしようとか思わないもんな。

村上　そのたとえは違います。

やらなくていいことまでやっています

村上　エートーは当初から、外注で劇場監理技術者を置かないという方針でした。そうするならば、劇場スタッフが機材を知っておかないと利用者から質問が来たら答えられない。でも、それ以上に、ぼくには個人的な好奇心がありました。知らないことは知りたい、やりたいからやる、という。

——村上さんは機材の管理をしながら、利用者から求められたら本番のオペレート（操作）もしますよね。

村上　はい。明かりをつけたり消したり、マイクの設置とか音出しとか、最小限のことですけど。

——そういうことは普通、劇場のスタッフはしないですよね。もしやったとしてもプラン料とか操作料が別途かかります。でも、うちはいただかない。それはなぜですか。

村上　順子さんの考えでもありますが、エートーの劇場コンセプトとして、利用者にはなるべく経費を安く抑えてご利用いただきたい、ということです。あと、今までぼくらが芝居をやってきた公営の劇場には「そこにいるだけ」のスタッフ[*1]がいましたよね。

＊1　「そこにいるだけ」のスタッフ　96ページ《「公営ハコモノ」のエラそうな人々》にて後述。

そういう人たちを見てきて、使う側としてやめてほしいなと思ってきました。だからぼくはこちらでやれることはなんとかやってあげたい。劇場は本来、利用者に場所を貸すだけで、過剰なサービスをするところではないと思うのですが。

――それ、あなたの性格によるところが大きいんでしょうか。

村上　ぼくは長年やってきたホテルのフロント業務の時も、どうしても時給以上の仕事をやってしまうことが多かったんです。利用する側は、決まったことしかやらないスタッフより、それ以上やってくれるスタッフのほうがうれしいじゃないですか。

――当たり前ですやん。

村上　できないわけじゃないんだからやればいいと思ってます。

――村上さん、劇場ができた頃、よくスタッフの船野《ふなの》沙織や行澤《なめさわ》孝《たかし》（後述）に怒ってましたよね。

村上　はい。劇場に対して愛がない、と。

――いい言葉です。

村上　たとえば椅子をぞんざいに扱ったり、長テーブルを動かすのにすぐ壁にぶつけたりとか。そういうのを見てると劇場がかわいそうやなと思うんです。

――小姑ですよね。

村上　でも、劇場は自分のものじゃないからこそ、だと思うんです。ぼくは自分の身の周りについては部屋なら掃除もしない、ベッドシーツも1年変えない、掃除機は3、4カ月かけないような人間なんですが、劇場はスミレ会グループの持ち物です。人の物だからこそ大事にする。

――それ、本当にもともとの性格ですか。

村上　小さい時から、母親に「家族はええけど他人様だけには迷惑かけたらあかん」と教えられたことが今でも頭の中に残ってるんです。

――これ以上聞くとあなたがいい人に見えてしまうから最後にします。村上泰児事務長は、神戸三宮シアター・エートーにとってどういう存在だと思っていますか。

村上　便利屋だと思っています。

――それもちょっと、なんか逆に良いように言ってるじゃないですか。劇場の守り神とか、村上がルールブックだ、とか、大きい感じでくれませんか。

村上　便利なスーパーマン、ではだめですか。

――ありがとうございました。

２０１７（平成29）年2月1日、「エートー開場準備室」は三宮センタープラザのオフィスを出て、琴ノ緒町に完成した「神戸三宮シアター・エートー」に移りました。事務長の村上泰児は3階に事務所を、私は4階フロアに「企画室」を設け、4月のこけら落とし公演に向け本格的な準備に入りました。

劇場に入ってすぐ、神戸を拠点に活動する小劇団「劇団赤鬼」の三代目座長である行澤孝が入社しました。前年の12月に私がスタッフ参加していた、ある在阪局のテレビドラマ撮影現場で知り合ったのですが、当初の私の危惧のひとつが「大下順子と菱田の人脈だけで自主企画興行のラインナップを作ると、どうしても観客ターゲットがハイエイジ（高年齢層）に偏ってしまう」ということでした。行澤自身は三十代後半でしたが、主に十代、二十代の若いファン層を持つ赤鬼の座長であり、また関西の若い小演劇関係者に広く人脈を持つ彼をスカウトしたことで、貸館利用を見込める若手劇団に対する渉外面を補強することができました。

「劇団赤鬼」は神戸大学演劇研究会のＯＢやＯＧが１９９５（平成7）年に結成した劇団であり、結成以来、活動の本拠地を神戸に置いていましたので、その座長が神戸三宮の劇場で働き、神戸で食べていけるというのも意義のあることではないかと思います。

　これで大下順子支配人のもと、現在に続くメインスタッフが揃いました。

　私たちは「本来はクルーザーに使用される椅子」を設置した劇場

に乗り込み、高揚していました。

しかし恐るべきことに。

実はまだこの時点で、自分たちが興行というビジネスについてもまったくの「ド素人」であるという、最も重要なことを本質的には理解できていませんでした。

ここから神戸三宮シアター・エートーは次々と想定外の高波、荒波をかぶりまくるとんでもない航海に、一気に漕ぎ出していくことになります。

神戸三宮シアター・エートーでは、常設の大型プロジェクターを活かした「文化系トークイベント」も行われている。写真左は「バッタ博士」前野ウルド浩太郎氏トークイベント（2018年4月。撮影・苦楽堂）。写真右は神戸出身の社会経済学者・松原隆一郎氏著『頼介伝』（苦楽堂）刊行記念トークイベント（2018年8月。撮影・藤井泰宏）。

第3章　劇場のソフトウエア

——自主興行とおカネの話

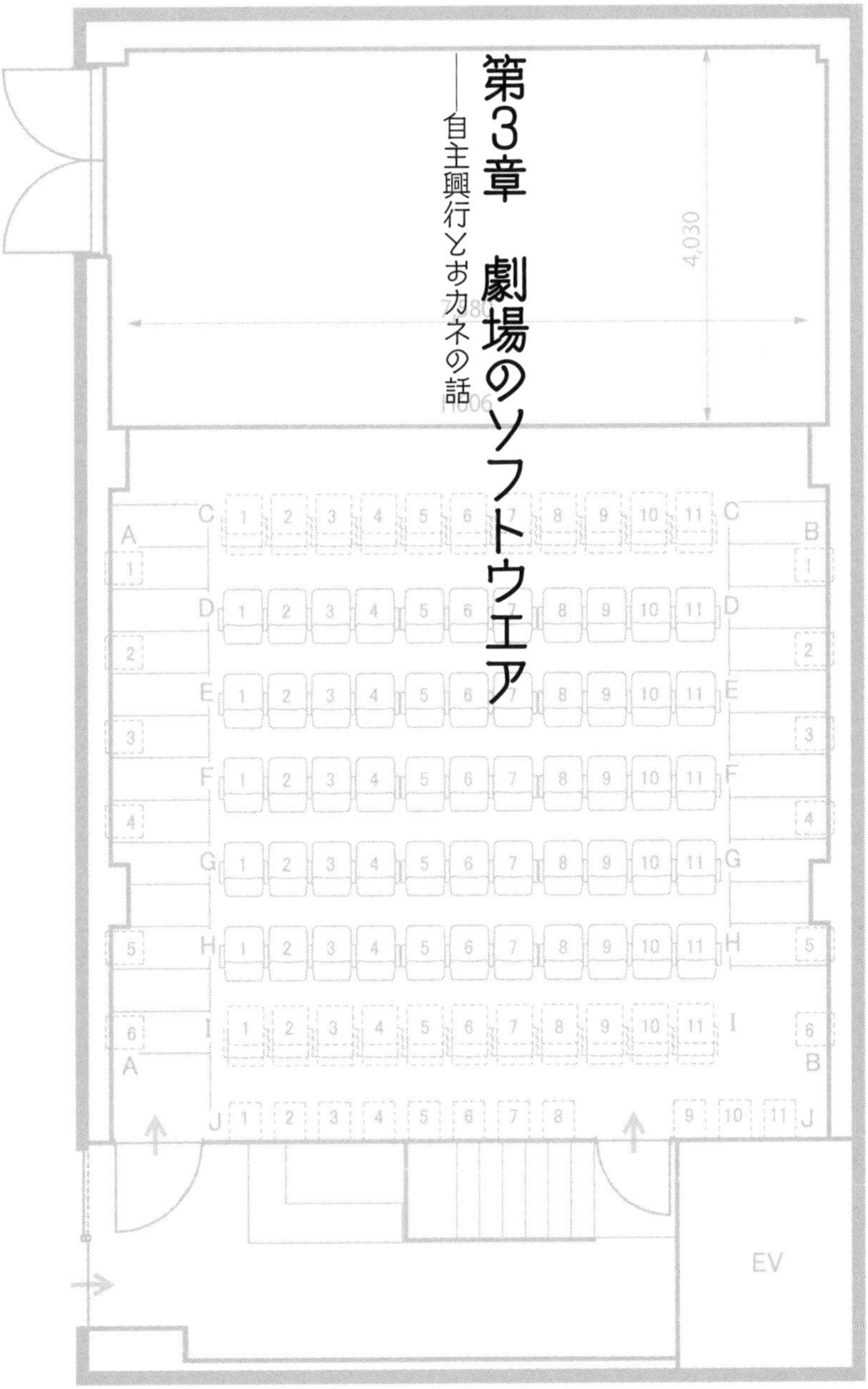

この章では、私が劇場の芸術監督として企画・プロデュースを担った劇場ビジネス＝興行の内容、つまり「ソフト」について触れていきます。２０１７（平成29）年４月の神戸三宮シアター・エートー開場時に劇場のコンセプトに設定した「ここで作品を作り、発信する」ことにまつわる、あれこれです。

実際に制作しました演目をご紹介しつつ、興行が理想や創造力だけでは成り立たないという現実、つまり「おカネ」についても可能な限りご紹介いたします。

なお、第2章で前置きしました、私が「数字に弱い」という性質はこの「おカネ」の点でもいかんなく発揮されております。神戸三宮シアター・エートーのソフト面を読者の皆様にご説明するにあたっては具体的な数字のお話も必要、とのことですので、さらに苦しみぬいてこの章をお送りします。

貸館で稼ぐだけで楽しいか？

　私が初めて脚本と演出を担当して舞台作品を発表し、プロとして報酬を得たのは1990（平成2）年です。以来30年間、自作戯曲を上演する舞台以外はすべてビジネスとして脚本（舞台、テレビドラマなど）を手掛けてきました。それはあくまで一書き手としての個人業務であり、劇場運営＝興行とは根本的に違います。

「興行」という言葉をひも解くと「各種の芸能やスポーツを、入場料を取って観客の観覧に供すること、またはその準備一切を含む事業」（ブリタニカ国際大百科事典）とされています。

　私が劇場運営＝興行を手がけるのは、昨日までボールを投げていた人間がいきなり球団の経営に携《たずさ》わるようなものです。「今までやってきたことと一緒だわ」となめてかかると間違いなく、即、大やけどです。

劇場の業務は貸館、これがメインです。様々な用途、イベントや公演を催す多くの方に劇場をお借りいただき、それによって賃料収入を堅実に確保していくということ。空間を貸し出すという広義の意味で、いわば大家さんみたいなことです。規約さえ守っていただければ自由に利用できる劇場が誕生したわけですから、どんどん使っていただければいい。ただそのためには使い方のガイドラインを確立させなければいけない。快適にご利用していただくためのハード面（照明や音響などの舞台設備、安全対策に至るまで）を充実させ、劇場の存在を知っていただくための宣伝広報、さらに営業も必要になってきます。そして規定の、場合によっては主催者側の事情を汲《く》んだ「割引」も含めた利用料金を交渉の上でお支払いいただくという流れです。この部分は、「劇場事務長」という役職を得た村上泰児が一手に引き受けることになりました。貸館業務を粛々と、なおかつ誠実に進めていくことは経営上の大前提であり、もっとも重要なことです。

一方で、私が「企画室」を設け企画室長として参画したことは、神戸三宮シアター・エートーにおいて「アクティブ型業務」（詳しい人に教えてもらいました）を推進するということになります。

そもそも支配人である大下順子は貸館業務をするためだけに私財を投じて劇場を建設したのか。それは当初から違っていました。前述の「神戸新聞」記事に記されている通り、劇場を文化芸術の発信拠点とすることが大下順子の考えであり、私自身もそこに共鳴したのです。

アクティブ、能動的に、とはつまり、劇場側が主催者となり、オリジナルのイベントを積極的にプロデュース（制作）し、これを興行として売っていくことで収益を得るというビジネスになります。まず第一に、これが本劇場の大きな特色と位置付けました。

アクティブ型業務の自主プロデュースを打っていくのは大きなリスクを伴います。

貸館ビジネスをしているだけであれば、借り手から貸館料、設備費をいただくだけの話で、もしもお客様が入らなくても劇場側に痛みはない。

しかしシンプルに、「それで楽しいか」という、出てこなくていい問いが出てきてしまう。残念ながら、大下支配人を筆頭に、私、村上……、同じような考え方をする人間が集まってしまったのです。

立ち上げ時に４本の自主プロデュース興行

２０１６（平成28）年末、私がエートー準備室に入る以前に決まっていた劇場自主プロデュース興行は2本、その後に私が企画を立てたものは2本、そこから派生したいわば共催企画興行が2本、計6本の演目が２０１７（平成29）年2月頃には進行していました。

①4月1日（土）
「松尾貴史 presents　A★to プレこけら落とし記念落語会」

松尾貴史presents A★to
プレこけら落とし記念落語会

松尾貴史さんは大阪芸術大学芸術学部卒業であり、大下順子の先輩にあたります。松尾さんが神戸・三宮のご出身であるという縁もあり、大下自身より「新しく開場される小劇場への応援を」とお願いし、ご快諾いただきました。

なお、タイトルにある「プレこけら落とし」とは、本来は6月1日をもって正式な開場「こけら落とし」日とする予定だったものが、前倒しで落語会の日程が決まったため、苦肉の策でちょっと不思議なネーミングになった次第、です。

②4月29日（土）、30日（日）

神戸三宮シアター・エートー presents『熱海殺人事件　売春捜査官』

6月7～12日

神戸三宮シアター・エートーこけら落とし公演『熱海殺人事件　売春捜査官』

過去に大下順子自身が受講していたアクション演技ワークショッ

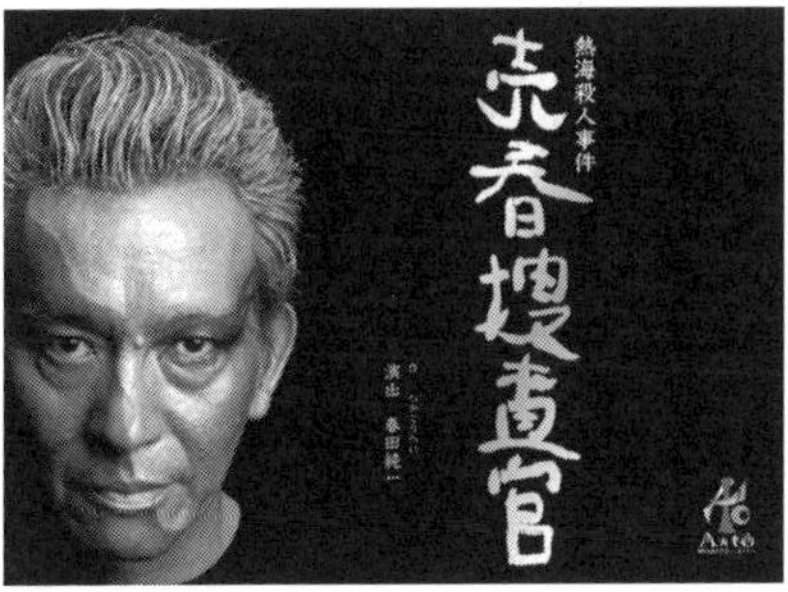

こけら落とし公演
『熱海殺人事件 売春捜査官』

プの講師であった俳優・春田純一氏に依頼し、劇作家、故つかこうへい氏の名作である「熱海殺人事件」を春田氏演出によって、こけら落とし公演として上演するプランは、神戸三宮シアター・エートーを立ち上げる段階で第一に動き出したことでした。

春田氏は90年代、つかこうへい演出舞台のメインレギュラーとして活躍されていた方です。私も当時、東京・大阪の劇場で何度も観劇し、その演技に触れた記憶があります。

つか作品は、学生演劇時代の「劇団☆新感線」がその創成期に多大な影響を受け、エートーの由来である「大阪芸術大学のA棟」で稽古を重ね、幾度となく作品上演を繰り返してきた経緯があります。80年代、若い創作者たちの熱さを間近で体感した大下にとっても思い入れがあり、つか氏の薫陶を受けた春田さんによる演出での上演は、「創作の熱をここで再現したい」という新劇場のコンセプトに沿っていると同時に、現在、関西で活動している無名の演劇人らに声をかけ「舞台に出て報酬を得る」、つまり仕事をしてもらうということも大下の大きな狙いでした。

私はこの作品の上演直前、稽古の最終段階からプロデュース側に入り、これがエートーでの最初の仕事となりました。

●５月３日（水）「神戸三ノ宮南光亭」（主催は株式会社米朝事務所）

「A★toプレこけら落とし記念落語会」、「熱海殺人事件　売春捜査官」の制作が進む中、神戸で落語会の出来る場を探しておられた桂南光師匠（米朝事務所）よりお問い合わせをいただきました。松尾貴史さんが南光師匠に劇場をご紹介くださったことがキッカケなのですが、実は私自身も学生時代に南光師匠（当時は桂べかこ）が主演された演劇公演で、駆け出し演出助手を務めており、それを覚えていてくださったことから、30年ぶりに「現場」で再会できることになりました。

「若手に場を提供してやりたい」という南光師匠のご意向もあり、これ以降、「三ノ宮南光亭」は年２回ほどのペースで開催を続けて

第一回　神戸三ノ宮南光亭

います。

③6月2日（金）「玉岡かおるスペシャルトーク～アイラブＯＳＫ日本歌劇団」
●7月13日（木）～17日（月）「ＯＳＫ日本歌劇団　神戸三宮シアター・エートーこけら落とし公演『ハイダウエイ』」（主催はＯＳＫ日本歌劇団）

『天涯の船』『お家《いえ》さん』などのベストセラーを持つ小説家の玉岡かおる先生とは２０１５（平成27）年3月、先生の小説『虹、つどうべし～別所一族ご無念御留《おとめ》』の舞台化（三木市市制60周年記念事業）の際、私が脚色・演出をさせていただいたご縁があり、エートーが開場した際はぜひ、何か記念イベントを――とお願いしました。玉岡先生よりご提案いただきプロデュースしたイベントが「玉岡かおるスペシャルトーク　アイラブ　ＯＳＫ日本歌劇団」です。

このイベントを組んだことから、１カ月後にＯＳＫ日本歌劇団の

右／ＯＳＫ日本歌劇団　神戸三宮シアター・エートーこけら落とし公演『ハイダウエイ』
左／玉岡かおるスペシャルトーク～アイラブOSK日本歌劇団

公演「ハイダウエイ」（作・演出　荻田《おぎた》浩一《こういち》氏）をエートーで開催いただけることに繋がりました。関西では根強いファンを持つＯＳＫと、近年まで宝塚歌劇団の名演出家であった荻田浩一氏が組むという、１００席の劇場のこけら落としとしては贅沢すぎる企画が実現しました。

④６月４日（日）「夏の春田まつり　熱狂《あつくる》しい男たち」

先述の「熱海殺人事件　売春捜査官」において演出を担当した春田純一氏は、80年代、「大戦隊ゴーグルファイブ」のゴーグルブラック、「科学戦隊ダイナマン」のダイナブラックなど、特撮ヒーロードラマのキャラクターで大人気を得た方です。特撮ヒーローを彩《いろど》った俳優陣を応援する中高年ファンの熱量は現在も根強く、「春田純一を中心としたヒーローを招聘しよう」と企画しました。ゲストに「宇宙刑事ギャバン」主演の大葉健二氏、そして俳優・谷隼人氏（春田純一氏が新人の頃に多くスタントを務めたご縁です）をスペシャルゲス

第一回　夏の春田まつり
熱狂しい(あつくるしい)男たち

トにお招きしました。エートーでは演劇や落語などの古典芸能のみならず、幅広くサブカルチャー的な企画も送り出したいという考えを、開場から3カ月の間に表明する狙いもありました。

炎上コメディから落語会まで

神戸三宮シアター・エートーは2019（平成31）年6月で開館3年目に入りました。2年間で貸館利用も増え、演劇・音楽・演芸・トークショー・大衆演劇からヘアファッションショー、カラオケ大会に至るまで様々な演目を開催いただいています。

しかし、今もまだエートーの特色は自主プロデュース興行にありという考えは大下支配人以下、スタッフ一同変わらず、2017（平成29）年は先述の4本を含めた計12本、2018（平成30）年も計19本の自主プロデュース興行を開催しました。

2018年に開催しました劇場自主プロデュース興行から4本

と、私がまったくタッチせぬまま動いていた新しい試みについてご紹介します。

●２０１８年4月24日（土）
「スタンダップコメディLIVE　VOL.1～こいつらを笑い倒せ！」

放送作家・脚本家として活躍される東野《ひがしの》ひろあきさんに企画いただきました「スタンダップコメディLIVE」。清水宏さん、ぜんじろうさんという日本スタンダップコメディ界の第一人者のおふたりで「神戸を〝西のスタンダップコメディのメッカにしよう！〟」と始まったシリーズは２０１９年４月に第４回を開催できました。開催直前に「ぜんじろうさんVS爆笑問題・太田光さん」のSNSでの騒動が持ち上がり、その炎上効果からか、おかげさまで２日間２公演とも満員札止め。興行と話題の連動についてあらためて勉強させていただきました。

スタンダップコメディLIVE
VOL.1～こいつらを笑い倒せ！

●２０１８年７月21日（土）、22日（日）
「元宝塚歌劇団　箙《えびら》かおる　ホームタウンリサイタル　ＶＯＬ．１」

元宝塚歌劇団雪組組長、２０１７年12月に宝塚歌劇団を退団した箙かおるの、退団後初の単独リサイタル。実は箙かおるは私の実の姉です。生まれも育ちも神戸・三宮であり、芸名の由来は三宮・生《いく》田《た》神社の「箙の梅」。長らく歌劇団専科に在籍、退団後は私がマネージャーらしきことを勧めています。箙かおるは若柳《わかやぎ》流日舞師範でもあることから、神戸三宮シアター・エートーで「日舞教室」も開催しています。２０１９年４月、「ホームタウンリサイタル　ＶＯＬ．２」を開催。

●２０１８年６月24日（日）
「探偵男子　第一夜　～君が探してるのは誰？」

開館して１年目、若年層に来てもらえるイベントをと企画しました。当初「２・５次元ミュージカルのような舞台をオリジナルで作

元宝塚歌劇団　箙かおる
ホームタウンリサイタル
ＶＯＬ．１

れたら」と考えましたがエートーの舞台の広さや、ふさわしい原作がないという問題があり、では原作から作ってしまおうと、若手声優の朗読劇をベースにオリジナルストーリーでシリーズ化。「漫画家・カイマミカによるイラストと映像と物語」を軸とした舞台を開発しました。おかげさまで毎回、100%女性客で満員が続き、2019年3月、最終夜「さよなら、さようなら、さようなら。」をもって完結。神戸の街の各スポットを物語の舞台にしたことから、終演後にお客様が「聖地巡礼」し、次々とSNS上にアップするという現象も起きました。

●2018年8月22日（水）
「松尾貴史・旭堂小南陵・坂本頼光～三人怪」

2017年4月「松尾貴史presents A★toプレこけら落とし記念落語会」以来、2度目の松尾貴史さんを中心とした会を毎回「三人会」形式でと立ち上げました。第1回は「三人怪」。夏らしく、

探偵男子　第一夜
～君が探してるのは誰？
（イラスト／カイマミカ）

松尾貴史・
旭堂小南陵・
坂本頼光～三人怪

講談師・旭堂小南陵《きょくどうこなんりょう》さんの「怪談牡丹燈篭」、弁士・坂本頼光《らいこう》さんの怪奇無声映画、「オカルト懐疑派」松尾貴史さんのトークの3本立て。

そして村上事務長、ドローン講師になる

2019（平成31）年の年明け。なぜか村上泰児が長期の出張に出る機会が増えていました。私は他に諸々の企画作成や脚本の執筆に追われ、村上の出張の理由を知らなかった（さほど気にとめていなかった）のですが、ある時、劇場の古株（大下順子主宰劇団からのスタッフ）経理担当事務員・岩田和子から「事務長がドローンの操縦士になろうとしている」と聞かされました。実は、劇場の平日に空きが多いことを改善するための協議が社内で重ねられた（私は蚊帳の外でした）結果、「ドローンの学校をやろう」という案がどこからか浮上し、村上が山梨まで講師研修に出向いていたのです。こうして全天候型

「ＪＡＡドローンパイロットスクール三宮」（運営は神戸三宮シアター・エートー）を２０１９年5月より開講することになりました。

この件は私にとってまったく想像外であり「さすがにその発想はなかった」と唸らせられました。

ホテルのフロントマン&売れない役者から神戸三宮シアター・エートー劇場事務長に転じた白フン男も、劇場機材管理、照明音響オペレーター、保安防災責任者、修理工を経て、ついに「公益財団法人　日本航空教育協会」認定、無人航空機操縦技能者です。実に自称「便利なスーパーマン」の面目躍如であると思います。

なお、訓練5日間、受講費一般21万６０００円（学割16万２０００円）にて２０１９年5月20日（月）から24日（金）にかけて第１回目を開催したドローンスクールの参加者は１名。６月は０名。

村上事務長は船野沙織から特設ブログの作り方を教わり、現在、自らこまめに宣伝活動を続けています。

船野沙織を「ドローンスクール一般参加者の方」に仕立て上げた宣伝用写真。

公営ハコモノのエラそうな人々

関西で利用できるいくつかの劇場・ホールの大半は行政が運営するいわゆる「ハコモノ」です。利用料の安さや設備の充実ぶりから利用者からの需要が高く、当然、競争率も高い。1年先の日程を押さえるのにくじ引きで選定される場合もあります。よほどの地方でない限り主要な駅に近く、利便性も高い。経費、予算が限られている団体には、この公営ホールの存在は必要不可欠だと思います。

しかし、果たしてハコモノの管理者側が利用者を「客」だと認識し、料金分、またそれ以上の対応をしているかと考えると必ずしもそうとは思えません。もちろんホール職員の中には芸術・文化に理解の深い方もおられますし、そんな方々の支えによって公演を滞《とどこお》りなく開催できる場合もありますが、公金で運営されている以上、一部の職員が一定以上の便宜を図ることはあり得ません。

また問題のひとつに、ホール（行政側）が外部に委託した管理スタッフの存在があります。

これも一概には言えませんが、果たしてすべてのスタッフが「行政から支払われる報酬以上の熱意を持ってすべての舞台にかかわっているのか」と問うと、それも疑わしく感じられます。

劇団側は舞台袖に控えた（なぜか）やたらエラそうな外注スタッフの顔色を窺《うかが》いつつ、備品の使用許可で頭を下げ、幕の上げ下げから電源の入力に至るまでこと細かく指示を受け、（なぜか）外注スタッフ分の弁当手配まで求められます。にもかかわらず、（先述の村上泰児インタビューでも触れましたが）あきらかに「そこにいるだけ」のスタッフが必ずいる。この人件費、備品代はすべて劇団側が支払います（劇場利用料に否応なく追加されている場合もあります）。あげく、規定の退館時間が近づくとあからさまに追い出しにかかってきます。「21時退館厳守」となっていれば、21時前には外に出ておけという意味であり、要はホール側の職員がキッカリ21時に帰るためです。そして残念ながら利用者側はそこに文句を付けられません。公営機関の定めたルールは、表現者の都合で変えられるわけもないからです。

私はとある地方都市のホールで、外注スタッフとモメた経験があります。ホール（行政側）から委託された音響スタッフが「劇場に来て管理の仕事につくシフトが先に決まっている。決められた回数以上は劇場に来れない」とのことで、演出打ち合わせスケジュールはすべて事前にスタッフ側の都合で決められていました。それはまあよしとして、ではスタッフが夜間の稽古に立ち合い、音響の演出（音出しのキッカケなど）を理解してもらえるのかと聞くとホール側から

「稽古立ち合い分は追加料金になるので、スタッフが来ている昼間に説明してください」

「説明？」

「できれば短時間で」

これでいったい、何の舞台を作ればいいのでしょうか。

演劇というジャンルはざっくり大きく「小演劇」と「商業演劇」

『芝居小屋戦記』をお求め戴きありがとうございます。

以下の欄に本書をお読みになってのご感想・ご意見をご自由にお書きください。

恐れ入りますが
郵便切手を
お貼りください

郵 便 は が き

650-0024

兵庫県神戸市中央区
海岸通2-3-11 昭和ビル101

苦楽堂 行

お名前	性別	ご年齢	歳
ご住所 〒			
ご職業もしくは学年			
お買い上げ書店名 （都道府県　　　市区町村　　　）			

※個人情報は苦楽堂の出版企画のみに用い、社外への提供は一切行いません。

に分かれます。脚本家、演出家といった作り手、演者すべてに事前の取り決め、契約通りの出演料（場合によっては稽古での拘束料）が必ず支払われる「プロの興行」を商業演劇と呼びます。一方、「利益を見込めない、アマチュア団体も含めた小演劇」では作り手も演者も常に時間と予算の壁に向き合わざるを得ません。たとえば週末の金・土・日で公演をする場合、木曜日に劇場に入って公演準備を始めるのが一般的ですが、本番前日（木曜）に仕込み（舞台美術や照明・音響といった技術スタッフによる機材の設営など）をし、演技を含めた全体の公演リハーサル。翌日の朝（金曜）から技術スタッフの機材再チェック、最終の公演リハーサル～初日の本番（金曜夜公演）という流れになります。

　本番当日の朝に劇場に入り、半日で準備をし、そのまま夜に公演を開催する団体も珍しくありません。2～3カ月、長ければ半年以上の稽古を劇場以外の稽古場で進めてきた劇団が、その作品をこんな短時間でお客様に見せなければいけません。ずっとワンルームマンションの小さなシステムキッチンの電気コンロで料理を作ってきた人が、その日の朝、初めて店に入り、その夜に対面式のカウンターで作った料理をお客様に出すような感じです。

普通に考えて、なぜこんな無謀なスケジュールを組まざるを得ないのか。それは、とにかく経費を圧縮するためです。

しかしこれで本当に演者が舞台に馴染み、何の不安もなく１００％の状態で本番を迎えられるかとなると疑問が残ります。

劇場入りするまでの稽古でも同じような問題は生じます。安価で借りられる公民館の会議室や、レンタルスタジオを渡り歩きながら稽古を重ねる。直前まで会議室で稽古し、その感覚で劇場に入り舞台の本番を迎え――。表現が豊かになる可能性は高くはないはずです。

そもそも、社会人や、学校に通いながら演劇活動をする人々にとって、稽古場に入れる時間が18時か19時、そこから21時退館という規約を守ったら実質1時間半か2時間しか作品に触れることができないのです。

そういう過酷な条件を乗り越えて世に出ていく作品が生まれることもあるでしょう。しかし、なぜそんな環境しかないのかと考えてもいいはずです。

創作者側の立場を尊重したうえで演劇プロデュースに特化し、芸術振興を進める貴重な公共ホールも関西にはいくつか存在します。それでも、作り手側が常に厳格な規制と限られた時間、予算に縛られてしまう状況は完全には解消できないのではないでしょうか。

実際のおカネで見る「芝居のバランスシート」

「舞台を作る」という非生産的な作業の実態、とくにおカネの問題をご理解いただくため、実際の公演収支の内訳をご覧いただきます。

●劇場共催公演　収支の一例

参考例として、私が主宰し作・演出を担当、プロデュースも兼ねた公演（2019年4月22日［月］～25日［木］）の予算収支表をご覧いただきます。この公演は2017（平成29）年秋、神戸三宮シアター・エートーを本拠とし、私個人が立ち上げた劇団（「A Theatrical company, HISHIDA.（2019年6月「hishidas」と改称」）による第4回目の公演となります。

この劇団は、劇場の貸館状況が平日はどうしても空きがちで、これを埋めるための案として「ウイークデーナイトスペシャル」と銘打ち、月曜からの平日夜公演のみで開催することを目的に私が主宰する形で立ち上げたものです。本来演劇の公演はお客様のご都合も考え、足をお運びいただきやすい週末に設定するものなのですが、この企画で平日夜も演劇を見ていただく機会を作り、同時に劇場の回転を図りたいという意図も込めています。

なお便宜上、ここでは「劇団」という呼び方をしていますが私以外に所属劇団員がいるわけではなく、私が公演ごとに出演者を集め（座を組む、といいます）、終演後にいったん解散する（座組をバラす）、「プロデュース形式」をとっています。

パパと呼ばないでVirgin 予算収支表

支出の部		収入の部	
科目	金額	科目	金額
【会場】	¥51,840	【入場料】	¥900,000
会場費用	¥51,840	前売単価　4,000	
備品	¥0	(見積客数)　356	
【スタッフ人件費】	¥450,000	(販売額見積)	¥1,424,000
照明	¥170,000	実売客数　225	
美術(道具費込)	¥180,000	実売額	¥900,000
広告費	¥50,000		
音楽監修料	¥50,000	【※持ち出しによる補塡】	¥244,014
【出演ギャラ(交通費込)】	¥465,000		
	¥465,000		
【その他】	¥60,174		
小道具	¥30,000		
衣装	¥30,174		
【食費】	¥117,000		
弁当(20人×550円×5)	¥55,000		
飲み物	¥2,000		
打ち上げ代	¥60,000		
合計	¥1,144,014	合計	¥1,144,014
		(見積黒字)	¥279,986

「パパと呼ばないでVirgin」公演フライヤー
(イラスト／カイマミカ)

出演してくれる、関西圏で活動する役者陣はほぼ全員、神戸以外に居住しています。お客様を呼びにくい平日、しかも彼らの生活圏から距離のある神戸三宮での開催という圧倒的なハンディがあることは承知の上で、それぞれにチケット販売の協力をしていただいています。

数字はあくまで概算であり、一部税率は除外しています。ここを踏まえていただき、収支の状況をご覧いただければ幸いです。

①会場費用

平日公演企画として立ち上げた「劇場共催」の形を取り、貸館料についてはほぼ無料に近い金額で設定しています。ここを正規料金で計上した場合、照明・音響機材費、施設費を含めほぼ4倍ほどの金額となります。

②スタッフ人件費

私が担当する「脚本・演出」のギャラは計上していません。また通常の演劇公演に必要となる「音響スタッフ」、「舞台監督」の参加はありません。音響（音出し）の操作は私が兼任し、舞台監督（舞台監督は演出家ではなく、舞台技術上の管理統括、進行を担当する職種です）は演者である村上が兼任しています。当然、経費圧縮のためですが、これを参加させた場合、最低30万円は追加計上となるはずです。

③出演謝礼

それぞれのキャリアによって金額に差異はありますが、出演者全員に「謝礼（ギャラ）」を支払うようにしています。払うといっても、平均で割ると3万円前後（交通費込）ですから、2カ月の稽古拘束、4日間で4公演出演の対価としてはおよそ割に合わない額かと思います。もしもこのような「プロデュース形式」ではない、主宰者と固定の劇団員が所属し継続的に運営される「劇団」の方式であればギャラは計上されない場合が多いかと思います。劇団の場合、演者に一定のチケットノルマが課せられ、場合によっては参加費の徴収によって赤字の補填を行います。演者の取り分は各自のチケット販売実績でキャッシュバックするシステムが多いようです。

④小道具、衣装

私の作品はあまり小道具を多用しません。衣装も、演者の自前衣装で賄《まかな》ってもらっていますので、かなり圧縮しています。本来であればクリーニング代など計上すべきところですが。また「稽古場代」も計上していません。共催特典として劇場舞台と、劇場4階多目的室を無料で稽古に使用しているからです。

そのほか、受付業務や公演チラシ配布などのお手伝いスタッフが参加した場合に謝礼など必要な場合がありますが、現状では劇場スタッフ・船野沙織が制作全般を統括していますので予算計上しておりません。

ざっくりとした概要ですがこれで赤字が25万円弱。

この赤字は、すべて主宰である私個人の持ち出しによって補塡することになります。

この公演と同規模の作品を、エートーと同じくらいの客席数の劇場や稽古場をよそで借り、舞台監督、音響スタッフなどを外部発注して予算組みをすれば支出総額プラス50～60万円になります。その場合、1回100席のチケット（1名・前売料金4000円）が4回公演すべて完売したとしても、30万円程度の赤字は必至となります。

単純な話、チケットがすべて売れてくれれば楽なのです（それでも赤字はありますが）。しかし作り手である私や出演者の知名度、集客力を考えた場合、これが限界の販売数だと思います。もちろん「友達の友達、バイト仲間から店長、親戚縁者一族郎党、とにかく片っ端から連れてくる」営業でもやればいいのでしょうが、そうなるともはや芝居じゃなくて結婚式です。

乾坤一擲、ここに集客力のあるゲストをブッキングしチケットを完売させたとしても、その貢献度に比例したギャランティが発生するのですから、収支はよくて同じかそれ以上の赤字になるはずです。

　では、協賛スポンサーから広告料名目での資金提供があれば、となりますが、４回公演で最大４００名動員の規模では企業などに広告効果はありません。高校の文化祭のように関係者一同頑張って、ご近所・行きつけのお好み焼き屋さん、スナック、喫茶店といった個人経営のお店に一口３０００～５０００円での広告出稿をお願いし、パンフレットにずらっと店舗名を並べるという昔ながらの方法もありますが、これもパンフレット製作費と、あとは打ち上げの飲食代の足しになる程度ではないでしょうか。

　結論として「演劇の公演で黒字はそうそう見込めない」ということになります。

　この公演収支は、他のエートー主催興行でもほぼ同じ構造と考えていただいて間違いはありません。

　つまり、いかにこの規模の公演（イベント）が利益を生み出さない仕組みになっているかということをご理解いただけましたら幸いです。

舞台作品を作るということが「おカネを生み出さない、出ていくばかり」というのは間違いないのですが、劇場を運営していくには「経済性」という現実が立ちはだかっております。次項では、「劇場の経済面」について記していきたいと思います。

利用者を「もてなす」劇場でありたい

次ページに掲載した表は、２０１９（平成31／令和元）年のエートーの収支概算です。主催興行（自主興行）は月平均１・１回、貸館は月平均５・５回のペースになります。貸館収入の額は単純平均すれば１回あたり約８万８０００円になりますが、平均額にはあまり意味がありません。貸館金額はそれぞれ各公演主催者との関係性（劇場定期利用の有無など）や、主催団体の事情（他府県から遠征しての公演など）

を考慮して設定をしているからです。

次に記したシアター・エートーの貸館利用料は、2019年秋、村上泰児事務長による試算の上で改訂されたものです。開館時より割安になりました。

さて、開場から2年間、試行を経て今に至るエートー劇場使用料金と、他劇場の料金表を比較していただくと、エートーは意外に割高に設定されていると思われるかもしれません。

ここまでさんざん「舞台作りは儲からない」「エートーはメセナを趣旨としている」と謳いながら、なぜに割高、というご指摘もあるかもしれません。

これは、第2章で記しました劇場建設

神戸三宮シアター・エートー 2019年収支概算

	収入（劇場使用料）				支出		収支
	貸館		主催		家賃	経費（※）	
月	件数	金額	件数	金額			
1	3	¥167,500	0	¥-	¥250,000	¥52,510	¥-135,010
2	6	¥305,060	0	¥-	¥250,000	¥24,836	¥30,224
3	5	¥371,260	1	¥20,000	¥250,000	¥2,437	¥138,823
4	1	¥189,030	1	¥12,000	¥250,000	¥4,120	¥-53,090
5	4	¥306,000	3	¥66,120	¥250,000	¥133,646	¥-11,526
6	9	¥533,517	2	¥17,400	¥250,000	¥8,713	¥292,204
7	7	¥787,590	1	¥42,000	¥250,000	¥39,641	¥539,949
8	4	¥278,890	1	¥22,800	¥250,000	¥400,802	¥-349,112
9	7	¥809,465	2	¥35,000	¥250,000	¥76,516	¥517,949
10	4	¥95,078	1	¥55,000	¥250,000	¥23,804	¥-123,726
11	9	¥1,090,690	0	¥-	¥250,000	¥1,588	¥839,102
12	7	¥865,533	2	¥71,280	¥250,000	¥92,866	¥593,947
計	66	¥5,799,613	14	¥341,600	¥3,000,000	¥861,479	¥2,279,734

※経費（機材レンタル費、事務消耗品代、ガス代、印刷経費など）
および劇場スタッフ人件費はジャパンメディカルが負担

神戸三宮シアター・エートー利用料金概要（2020.1時点）

基本料金（1日・税別）

	午前(3時間)	午後(4時間)	夜間(4時間)	全日(13時間)
時間帯	9:00-12:00	13:00-17:00	18:00-22:00	09:00-22:00
月〜金	¥25,000	¥30,000	¥30,000	¥50,000
土・日・祝	¥45,000	¥55,000	¥55,000	¥95,000

+音響照明常設使用料金 ¥10,000

※音響使用なし、照明地明かり+客電のみの場合は常設使用料金は不要

音響照明追加料金（1日・税別）

音響フルセット	照明フルセット	音響・照明フルセット
¥5,000	¥15,000	¥20,000

連日割引料金（税別）

区分	通常価格	連日パック	劇団応援プラン
土・日	¥200,000	¥195,000	¥150,000
土・日+1日	¥260,000	¥250,000	¥200,000
土・日+2日	¥320,000	¥300,000	¥250,000
土・日+3日	¥380,000	¥350,000	¥300,000
土・日+4日	¥440,000	¥400,000	¥350,000
土・日+5日	¥500,000	¥450,000	¥400,000

※料金には音響照明常設使用料を含む。

「劇団応援プラン」は小劇場で活動する社会人劇団に適用。

経費や、付帯設備・機材の充実ぶりを踏まえての料金設定であるとご理解いただきたいのですが、そこを踏まえた上で、私たちがこの劇場の姿勢として守っていきたい大切な点がひとつあります。それが、このやや割高なエートーを使っていただく上で「お値段以上」になるかはわかりませんが――。

それは「劇場側のホスピタリティ（もてなし）」です。

これまで何度か書いてきましたが、事務長である村上泰児、芸術監督の私は互いに長年、関西各地の劇場を利用し演劇公演を開催してきた経験から、演者側（村上）、作り手側（菱田）共に大なり小なり不満を抱いていました。ここを意識し、打ち消すことが神戸三宮シアター・エートーを成り立たせる大きな要素になるのではないかと考えています。

私や村上は劇場の運営責任を負っているのですから、「お客様（利用者）」へのホスピタリティを優先することができます。

たとえば、もしもそれが作品作りに必要であると判断すれば、諸

他劇場との利用料金比較（2020.1時点）

名称	施設規模	使用料金の例
神戸アートビレッジセンター（KAVC） ［神戸市兵庫区新開地］	KAVCホール　144席 KAVCシアター 94席	**8,000円** KAVCシアター 18:00〜22:00 （営利利用は5倍）
ArtTheater dB 神戸 ［神戸市長田区久保町］	120席	**35,000円** 基本利用料 土日祝日 18:00〜22:00
ピッコロシアター（兵庫県立尼崎青少年創造劇場） ［兵庫県尼崎市］	大（396席）中（200人） 小（100人）	**12,800円** 小ホール 土日休日 18:00〜21:00 （営利使用料）
伊丹市立演劇ホール （アイホール） ［兵庫県伊丹市］	最大300人 （通常の組み方で150〜200人）	**21,000円**（※1,2） イベントホール 土日祝 18:00〜22:00
吹田市文化会館 （メイシアター） ［大阪府吹田市］	大ホール（1397） 中（500）小（156）	**22,400円** 小ホール 土日祝 17:30〜22:00
大阪市立芸術創造館 ［大阪市旭区］	公演機能を持つ 大練習室（126席）	**6,300円**（※3） 大練習室全面使用 平日・土日祝 19:00〜22:30
神戸三宮シアター・エートー ［神戸市中央区琴ノ緒町］	100席 （立席で150人）	**55,000円** 土日祝 18:00〜22:00

※1 市民以外の利用は5割増
※2 市民以外の営利利用は※1の5割増
※3 入場料徴収時は基本室料の1.5倍

条件や事情を考慮した上で最大限、融通を利かせます。午後10時退館の規約はあるものの、必要性を感じれば延長を認める、午前9時入館も必要ならば前倒ししてもよい。本番前に舞台稽古の必要性があるならば、空きのある時間に舞台を使ってリハーサルをしてもらっていいのです。それが業務時間外であるならば、私と村上は、これまで培ってきた役者と脚本家（演出家）のスキルと考え方にもとづいて最後まで立ち会います（ちなみに私は、給与に残業代は計上されない定額制の契約にしています）。利用者（お客様）の自由度を高くすることで、来館者（お客様）に提供する作品のクオリティが上がるのであれば、それは劇場にとってもベストです。

第2章インタビューで村上泰児は「利用する側は、決まったことしかやらないスタッフより、それ以上やってくれるスタッフのほうがうれしい。できないわけじゃないんだからやればいい」と言いましたが、つまりそこまで付き合う、向き合う劇場。一般的には難しいことを最大限、許容できる劇場。それを実現させたいということが私たちの考えであり、大下順子支配人が唱える理想を形にできる方法であり、かつて大阪芸術大学にあった「A棟」に流れていた空気ではないかと考えています。

理事長の思《おぼ》し召《め》しと大下支配人の熱意に救われ、私や村上はこの劇場で「芝居（舞台表現全般）」を作りながら食っていける状況を確保できました。そこでの仕事を積み重ねながら、では私たちが「ホスピタリティ」のほかに、利用者、お客様方にもお返しできるものは何があるのかを考えた時、「意味ある、見えない価値」という言葉をひねり出しました。

それがどんなものなのかは、次章において感じていただければと思います。

はじめてオーナーに訊いてみる

神戸三宮シアター・エートーはスミレ会グループの傘下企業、ジャパンメディカル株式会社の持つ物件です。劇場は劇場使用料として毎月、貸館料収入の全額、主催興行の売り上げから半額をジャパンメディカルに収め、プラス３、４階事務所の賃料として25万円（光熱費込み）を支払うという契約です。しかし、これはあくまで書類上の計算であり、実際は月によって貸館収入の差が激しく、事務所賃料や清掃代、コピー用品などの経費、通信費はジャパンメディカル株式会社が負担している場合が多いことになります。結論を言うと、「スミレ会グループ」が利益追求ではない「メセナ」（芸術文化支援）を前向きに実行しているから、劇場はなんとか維持されているわけです。

　なぜ、スミレ会グループの前田章理事長はここまで寛容な支援を続けてくれるのか。

　私は実はこれまでご本人とじっくりお話をしたことがありません。話をしたことがありませんから、「経費を抑えろ」「無駄な興行を打つな」などの注文を受けたこともありません。

一度だけ、前田理事長、直々の指示によって劇場の設備を手直ししたことはあります。

とある大衆演劇の貸館公演があり、その舞台模様を収めた動画を見た理事長が「こういう出し物をやるなら、畳敷きで観るほうが楽しいんじゃないか」と発案し、ロールバックで常設客席を収納したフラット空間の全面を覆う畳をすべて（階段含め）新調したことがあるのです。

え？　畳?!　作っちゃうの？　と、私は腰を抜かしそうになったのです。

ですからこの章を書くにあたり、私は私なりに頑張ってあれこれ苦しみながら、推察いたしました。

もう、ここはハッキリ書きます。

まったくわかりません。

こんな人、なんでいるの、が本音です。

本書を使って劇場オーナーを持ち上げる気はないのですが、私のような一劇作家から見たら、理事長は「ポップなブッタ」です。

私は前田章理事長の妻であり、劇場支配人である大下順子（大志田詢子）の唱える「創作の熱をこの劇場で再現する」「悔いなく大切に生きるという当たり前のことを、演じる側も観る側も感じられる場所にする」という趣旨に賛同し、それを元に契約し、対価として給与を受けながら、作品を作り、そしてお客様をお迎えする業務を勤めています。

ですから、ここもハッキリ書くのですが「経営の理念」についてはまったく考えが及びません。

ここは、ご本人のお考えをお聞きしたものを記すことにゆだねたいと思います。２０１９（令和元）年11月、神戸市須磨区白川台のスミレ会グループ本部にて、前田章理事長と大志田詢子支配人にあらためてお話を伺いました。

人生の博打を打つ人

――まずはおふたりの生年月日と、ご出身地をお願いします。

前田　私は昭和32（1957）年2月9日。兵庫県の宍粟《しそう》市……昔は宍粟郡でしたけど。

大志田　昭和42（1967）年3月。京都府舞鶴市です。

――大志田支配人が舞台芸術に興味を持ったきっかけは？

大志田　わたしは大阪芸術大学舞台芸術学科舞踊コースで、同時に老舗の「貝谷バレエ団」[*1]にもずっとおりまして。舞台芸術学科卒業時に、教授から引き抜かれて研究室に研究室員として残ったんです。だからバレエしかまったく知らなくて、演劇なんか観たことなくて。当時、若手時代の劇団☆新感線のビラ配りとかさせられたりして、「何、この人たち？」と、そのときは嫌悪感がありまして。ただ、演技・演出、ミュージカル、舞踊、照明、音響、美術、この6コース[*2]が一

＊1　貝谷バレエ団
大正10（1921）年生まれ、昭和21（1946）年「白鳥の湖」日本初演で主役を務めた貝谷《かいたに》八百子《やおこ》が昭和13（1938）年に創立したバレエ団（東京都世田谷区松原）。

＊2　現在は、演技演出、ミュージカル、舞踊、ポピュラーダンス、舞台美術、舞台音響効果、舞台照明の7コース。

緒になって舞台芸術学科なので、その舞台芸術学科の副手というのになって、当時学科長だった北村英三[*3]さんや、秋浜先生[*4]とかに付いて脚本とか戯曲とかすべてを学ばないといけない――となったので、ま、嫌でも、そういうこと（ビラ配り）をやらないといけない。舞踊だけ観とったらあかんということになりまして。当時は芝居とかを「ええやん、台詞で説明できるし。私らは身体ひとつやん」と思ってたんですけど、学べば苦労が判った。「ああ、作品作るって、こういう情熱があるんやな」って興味を持ったのが最初ですかね。

――大阪芸大の舞台芸術学科に進まれたのはなんでですか？

大志田　ほんとはＪＡＣ[*5]に入ろうと思ってたんです（笑）。元々は格闘技とかしたいから。でも親が「お願いだから大学だけは出てくれ」って。わたし、いちおう田舎の進学校に行ってまして。国立文系コースにいたんです。英語やってて。学校の先生になるコース。「人生、勉強ばっかりするんやなあ」ってちょっと鬱《うつ》になってたんです。そしたら体育の先生が大阪芸大の入学案内を持ってきて「お前これ

＊3　北村英三
1922～97。俳優、演出家。京都帝大卒。47年、劇団くるみ座創設に参加。

＊4　秋浜悟史
1934～94年、兵庫県立ピッコロ劇団初代代表に就任。早稲田大学で学生劇団「自由舞台」に参加。97年、「わたしの夢は舞う・會津八一博士の恋」（ピッコロ劇団）で紀伊國屋演劇賞団体賞受賞。

＊5　ＪＡＣ
ジャパンアクションクラブ。1970年、俳優の千葉真一が設立したアクション俳優の育成・マネジメン

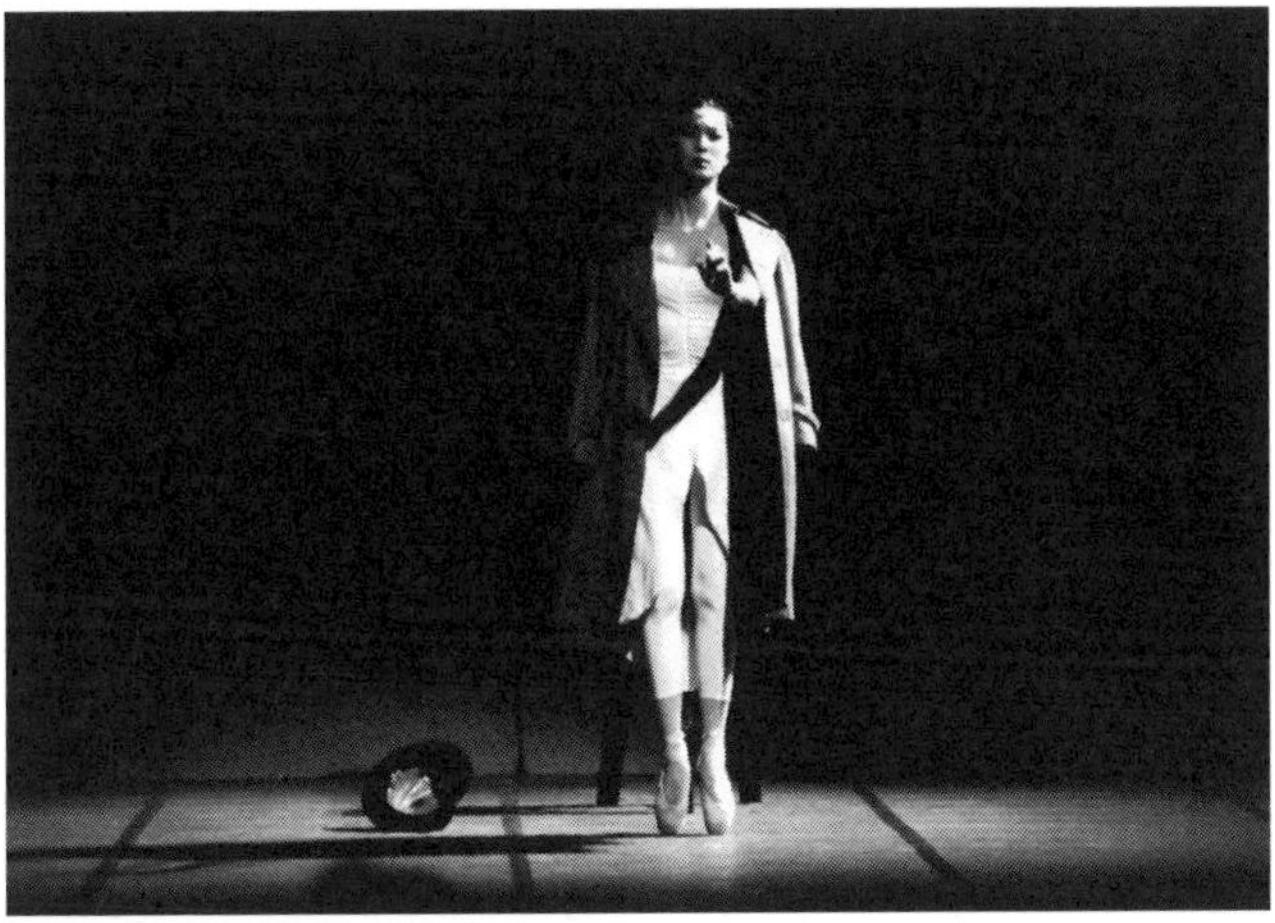

大阪芸術大学在籍時の大志田詢子支配人（写真提供：大志田詢子）

ト組織。

どうや？」って。それで気晴らしに遊びで行ってこい言われて、行ったんです。

——気晴らしで大阪芸大を受けに行った、と。

大志田　そうなんです。こっそり受けに行ったんですけど、父が大反対しまして。女に学は要らない、短大しか行ってはいけない、と。四年制なんか行って学生運動とかされても困る、と。でも、芸大のほかに受験した大学が全部、東京やったんです。「東京に行かれるくらいやったら」と思い直しはって、「ほんなら、まあ、1回行ってみろ」と。母が説得してくれたらしいんですが、父は「きっとあいつすぐ辞めて帰ってくる。そんなとこ行ったって絶対無理や」と。

——卒業後に研究室に入らなかったら……

大志田　「白鳥の湖」しかやらないような老舗のバレエ団にずっといたでしょうね。

——お父さんはどんな方だったんですか？

大志田　市島町[*6]というところで、二十代で村長なって銅像立ってる

＊6　市島町
旧氷上郡市島町。現在は兵庫県丹波市市島町。

人らしくて。村が貧乏やったんで、1台のトラクターをみんなでおカネ出し合って、そこでお米がたくさん採れて農業発展して村が栄えて。そういう発想がちょっと変わった人で。最初に主人と会ったときも、「着いていってよし」と言われて。理由が「あの人は博打しない。ただ、人生の博打を打つ人や。あの人生の博打にはちゃんとした理論があって、商売やと思ってる。それは強い。『医は算術』や」と。

前田　違う、「医《も》算術」。元々私はバブル崩壊したときに株と不動産で2億の借金つくって、大学病院をクビになって。教授に「次、お前、アメリカ留学や、頑張れよ」言われてたときにね。教授室、ノックするまでに1年くらいかかりましたけどね。「すんません、辞めさせてほしいんですけど」って（笑）。教授に「カネ以外の相談だったらよかったんやけど、頑張れよ」言われて（笑）、温かく送り出してもらって、大阪の病院に雇われで行ってたんです。そこでこいつと知り合うて。

なんせ、2億の借金いうたら月１００万くらいの利息。やっとられへん。医誠会[7]病院の谷理事長のもとに出向いて、「どこでもいいから院長させてくれ！」と申し出たんです。そうしたら「神戸につぶれかけの病院があるから、お前、そこへ行ってこい」と。そういう経緯を経て私が新しい院長として北須磨病院に勤めだしたのが94年1月4日です。そしたらその年からドーンと病院の収益が上がっていきました。明日にも倒れそうになっていた病院を立て直したんです。で、勢いでその病院を買ってしまった（笑）。

――明日にも倒れそうな病院が、なぜV字回復を？

前田　企業秘密（笑）。いろんなノウハウ持ってますよ。外来、日本一増やす自信はあるけどね。

――劇場を作ろうという考えに至る、その前夜は

前田　北須磨病院に赴任した平成6（1994）年の秋頃、神戸に引っ越したんです。それまでは大阪から通ってたんですが、引っ越した直後の平成7（1995）年1月17日に阪神淡路大震災が起きて。

大志田　新神戸駅近くの熊内《くもち》に引っ越しした直後に地震が起きたん

※7　医療法人医誠《いせい》会
1979年設立。本部・大阪市北区。理事長・谷幸治。

です。震災のときは、私まだ大阪芸大のバレエの非常勤講師だったんです。で、あの混乱の中でも、熊内から片道4時間かけて(南河内の)大阪芸大まで講義に通っていたんです。その当時はまだダンサーとしても現役で、子供もいないので、舞踊にどっぷり浸かってまして、バレエ以外は見えてない、そのときはまだ。

「朝日ホールを売ってくれ」

前田　いつ大阪芸大を辞めたんやったかな。

大志田　子供ができて、です。辞めてというより、産休に入ってそのままフェードアウト。

前田　ということは平成8（1996）年。その翌年くらいにバレエスタジオを三宮の一等地、フラワーロード、市役所の真ん前でオープンさせました。知り合いの、新芙蓉ビル[*8]の地下をブチ抜いて借りてね。ちょっと広めの。フェスティバルホールのステージとだいた

＊8　新芙蓉ビル
神戸市中央区磯辺通4丁目。地上10階地下1階。

い同じ広さの。１３０平米くらいあるんかな。市営駐車場から濡れずに上がれるんでええかな、と。

――なぜいきなりそんな大きなスタジオを？

前田　その当時、この人（大志田）は自前でバレエの組織を作りたかったみたいですわ。いや、バレエだけでなしに、ほかのパフォーマーとかもトータルでやりたい、いう意欲があったんでしょう。生徒を集めて自分で組織を作ってやってみたいと。それにはスタジオがないことには話にならんから。

それで、まずはスタジオ作ってみたけれども、売り上げが上がらないしね。（こっちは）スタジオもレンタルで貸して収支を合わそうかな、と。

――収支は合いましたか。

前田　合うかいな、そんなもん。だから数年でやめました。それで又貸。そのまま設備も使ってもらって、借りたいという人がおったから。居抜きで。

大志田　下の子の幼稚園の送り迎えがなくなった頃ですから8年前ですかね。たまたま、同級生が病で亡くなったりして……。ふと「人生、このまま洗濯ものを干してるだけで死んでいくんかな、私」って思って悲しくなって。今まで外でバリバリやってたのに、って。

前田　それで格闘技を始めたんですよ。

大志田　ジークンドー（截拳道）。元々、格闘技がやりたかったんですけど、親が稽古事にうるさい人で、女の子はお花かお茶か、バレエか日本舞踊にしてくれって言われて、嫌々、バレエをしたんです。でも、もう一回人生やり直すんやったらずっとやりたかったこと、格闘技を……と。それで、中村頼永《よりなが》師父[*9]の稽古を受けに東京に行ったり。そしたらそこに「千葉真一が新生ＪＡＣ[*10]を始める。メンバー募集」と貼り出してあって、それでまた興味がわいて、覗きに行ったらそのまま「来い」ってそこのプロデューサーの田林憲治さんに言われて。で、新生ＪＡＣに入ったんです。

前田　それで、今度は自宅の地下にジークンドーの道場を作って、

※9　中村頼永
格闘家。1963年生まれ。寛水流空手門弟、スーパータイガージムのインストラクターを経て89年渡米。90年、ＵＳＡ修斗協会を設立し代表就任。92年、ＩＵＭＡ日本振藩國術館を設立。

※10　新生ＪＡＣ
1993年に設立された有限会社ジャパン・アクション・クラブ（ＪＡＣ－ＮＫＬ）。

関東から週1回講師を呼んで。そこに仲間たちを集めて習い出した。

大志田　東京で学んで、神戸でいろんな表現を見せるカンパニーを作りたいと。

前田　そしたら次は「どこに、どういうハコ（箱）を作るか」ということになるんだけど。つまり、劇場やね。

――組織やカンパニーを作るということと、ハコを持つということは、セットなんですか？

前田　まず、ハコを持たないとしょうがないですよ。

大志田　私的にはまずカンパニーを持って、その表現を見せるアトリエみたいな。稽古場もあり、ちょっと発表もできる、そういうものがいいな――みたいな。

前田　私には「場所を借りる」という発想はなかったです。「とにかく（ハコを）作れ」と。人の空間を借りて、居抜きの物件借りて自分で改装するのか、あるいはイチから建てるのかいうのは（二択の選択肢が）ありましたけどね。

――ハコはやはり神戸でとお考えでしたか

前田　神戸におるわけやからね、神戸も多様な文化発祥の地でもあるし、ダンスなり、格闘技なり、アクションなり、ほかの表現でも、独自でオリジナリティもってやればええやないかっちゅうのもあったし。

大志田　何より、うちの病院は震災の時に地元の人々から大変なお世話になりましたから。

前田　だから神戸でやりましょう、と。それでとりあえず物件を探しました。最初、朝日ホール[*11]。あそこのトップを知っとる人を通して「売ってくれ」、言うて（笑）。

大志田　私は「そんな大きいとこ、いらん」ってなったんですよ。私が持ってるイメージはあくまで小劇場で。大阪芸大のA棟がまさにそうなんですけど、学生たちがちょっと舞台を勝手に組んで、椅子だけ並べて、こじんまりとした空気を感じるみたいな……。そんな話をしたら、夫が「あるで」って。

＊11　朝日ホール
神戸市中央区浪花町、旧神戸証券取引所跡に建つ神戸朝日ビル（25階建て）の4階。座席数505席。

前田　ふと思いついたのが、「そうや、三宮に50坪ある（＝所有している）な、土地が」と。

年間経費2400万円

――それが、今、エートーが立っている場所、琴ノ緒町ですね。

前田　本社ビルは今でこそ、ここ（神戸市須磨区白川台）にしてますけど、当時、三宮のどこかに本社ビルを建ててもいいんじゃないか、ちっちゃいのでいいから1個持とうかみたいなことになって、平成20（2008）年にある人の紹介で、2億円で琴ノ緒町の土地を買ったんです。しかし、本社にするまで寝かせててもしゃあないからコインパーキングにしたわけです。

――コインパーキングの月商はいかほどありましたか。

前田　当時、月40万円ほど売り上げがあった。そうしたら1年で500万円ほどになるから、ま、利息分にはなるということで寝かしてたんです。買ったときはほぼ更地。機械付けるだけでコインパーキングになれたんですけど。で、実際ここに劇場ができるんか？と設計に線引かせたら、なんとかいけそう、という話になって。

――支配人が最初に50坪のコインパーキングをご覧になった時に、「狭っ」と思われましたか、それとも「あ、これイケるかも」と思われましたか？

大志田　「よっしゃー！」と思ったんです。「これ！」って。分相応って思ったんです。でも、凄い夢のお城ですよ、あのサイズって。あのサイズ見て「そう、私はこれ」って思いました。

前田　最初はぶわーっと地下掘ったろうかと思ってた。タッパかなり要るからね。ところが岩盤固くて掘れなかった。なので中2階にしたんです。だいたいの予算、敷地面積50坪、3階建てで延べ床面積１５０坪、坪１００万円で、総工費１億５０００万円くらいで考えてたんですよ。実際は見積オーバーで2億７０００万円ですわ。（土地代の2億円と合わせて）トータル４億７０００万円やね、あれ。年間の経費はだいたい２４００万円くらいらしいですよ、今。
――それは見立てと同じくらいですか？
前田　知るか（笑）。ぜんぜん知らん。興味もない。赤に決まってますよ。で、子会社のジャパンメディカルに持たせて、そこに家賃を払ってるかたちになってるんですね。月30万円やったかな。４億の物件で月30万円、ナメとるでしょ（笑）。収支合わんからしゃあない。年経費２４００万いうことは月２００万。30万の家賃と、人件費やなんやかんや入れて、そうなっちゃったんかな。
――エートーに対して、「赤字はナンボまで」とか、オーナーとして引いている線はありますか？
前田　ありまっかいなそんなもん。
大志田　はっはっは（笑）。
前田　（親会社の）ジャパンメディカルを潰さんようにだけしてくれ、と。まあ、なんでもええんですけどね。

――理事長は、エートーにここまでおカネを投じられて、何を得られますか？

前田　え？　何もあらへんよ、そんな。なんでやろね、自分でもわからんもんね。それ、なんとも思わんのも、この人の先輩とか、まわりの人たちがね、何千万だか赤字覚悟で公演を打つんですよ。それ見て「芸術なんかは、カネの話したらあかんのや」いうような感覚に、私もそういうふうに思うようになってきだした、最近ね。

大志田　いや、先輩たちは計算ができんだけやと思います（笑）。

前田　芸術やってる人は、みんなそうやん。

大志田　きっと、あかんようになったら主人が「もうあかん」と言うてくれると思ってて。

前田　こんだけの組織（スミレ会グループ）を持っとって、あかんようになるわけないやろ！

みんな「どうしたらいいんですか？」って訊いてくる

――かつて関西にもオレンジルームや島之内小劇場など民間の小屋はいっぱいありました。現在、公的な小屋はありますが、どうしてエートーのような私設の劇場は生まれてこないんでしょうか？

大志田　私、大学卒業して何十年かしてから「学生時代からずっとやり続けていたら良かったのに」と思ったんです。そしたらもっと演劇のことも知ってただろうし、人脈もできてただろうし、いろんなこと分かることができていただろうと思うんです。あのときの私たちは、物を作って板に乗せるっていうだけで、小屋と作品はいっしょになってなかったですよね。若いし、おカネもないし。

　実際にエートーを作るとなった時に、何十年かぶりに大阪芸大の学外公演を観に行ったんです。そしたら凄かったんです。規模も、テクニックも、何から何まで。ただ、そこになんか、熱いものが感じれなかったんですよ。レベルは私たちがいた頃より上なんですよ。なのに「これって何？」って思って。

で、若いメンバーと一緒にワークショップとかやってたら、みんな「どうしたらいいんですか？」って訊いてくるんですよ。私たちの時は「見て倣《なら》え」ですから。いちいち頭で考えない。私たちは、マニュアルもなしで、とにかくすごい先走りするんですね。計画性がまったくないんです。でもあの頃すべてそうやったから。勢いがあったからこそ、小演劇もブームになったし。細かくリサーチして「どういう演劇が、人、入りますぅ～？」みたいなこと言うてたら、絶対にそんなん、面白くないじゃないですか。

先に小屋を建ててしまって、もうやろう！　って決めたら自分も逃げられないし、決めた方向に向かってやっていこうって。とにかく「やってみる」。潰れたら仕方ない、くらいの（笑）勢いで行かないとあかんわ、と。そしたらなんか、人とかモノって動き出すんじゃないかな、と。空気って動き出すんじゃないかなと。

――そういう考えじゃなければこういう事業はできない？

大志田　まあ、３年から5年踏ん張ったら、ちょっと形が見えてくるやろな、って。で、10年くらいしたら、エートー、回っとるんちゃうかなあって。最低10年生きとこうって思って。それは見届けよう、そのあとは知らーん、みたいなかんじで（笑）。なんかまあ、主人を怒らさない程度で頑張ろうみたいな、おカネだけはちょっと出してね、っていうのがあるから（笑）。そんな感じで来て……ますね。

ファミリーがすこやかに過ごすために

――理事長は劇場を作ったことについて、誰から、何と言ってもらうとうれしいですか？

前田　え？　誰にも、何も言うてもらわんほうがええ。

――奥さまに「ありがとう」って言われた日はありましたか？

前田　ありがとうもなんも……。こいつが暇つぶしに作っただけやろう？　そんなもん、あんた。こいつが機嫌ようおったらええやん。こいつが機嫌ようしとったら、俺も外で、機嫌よう遊べるやん。

大志田　基本あれでしょ、子どもたちがすこやかに育つために、私が健全でいれたらええ、と（笑）。たぶんですけど、家族が――主人もすこやかに育つための劇場なんじゃないかなと思います（笑）。まあ、私が一番機嫌良くしてるんですけど。

前田　そう、こいつが機嫌ようしとったら。

大志田　ファミリー、丸く収まる（笑）。

前田　そうそう、それだけ。

――神戸三宮シアター・エートーの開場から2年と半年が経過しました。オーナーである理事長から見て、現在までの劇場の成果は１００点満点で何点くらいとお考えですか？

前田　マイナス１００点くらいとちゃいますか？

大志田　怖っ（笑）。わたし、60点。

前田　黒字になってないとマイナスですやん。でも、マイナス１００

やと、まったく何もせんほうが良かったやないかいう話になるね。

——そこをひとつ、盛っていただけましたら。

前田　じゃ、マイナス50くらいで。

大志田　ふたり合わせたら10残る、と。いい感じに残りましたね。

——ありがとうございました。

第4章　劇場のトラブルシュート

——毎日何かの事件は起きる

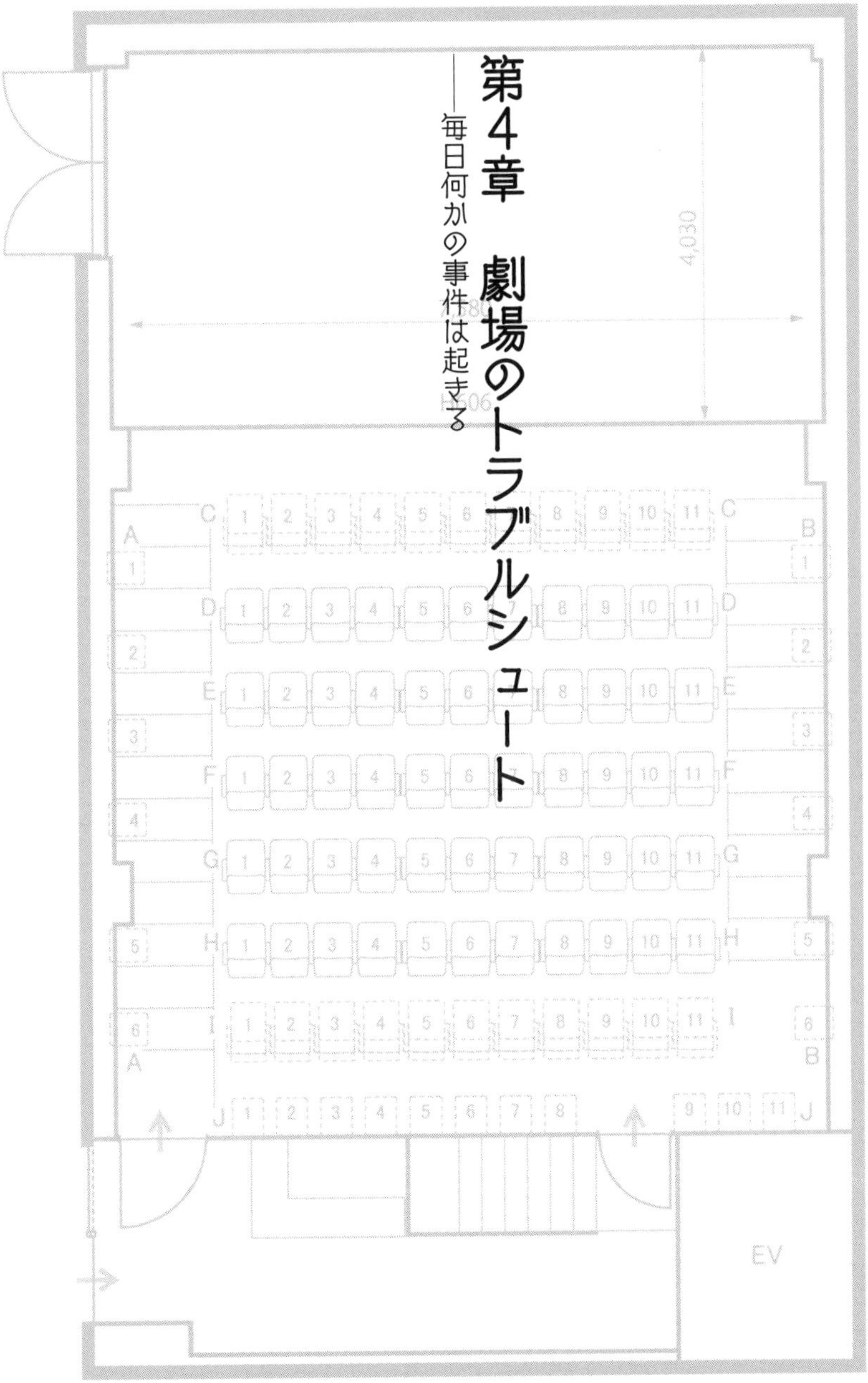

これを書いている2019年8月現在、おかげさまで劇場ではなんらかの公演・イベントが開催されており、同時に現在進行形でトラブルや小さな騒ぎが日々、勃発しております。この章では開場から1年の間に起きた「失敗と反省」の数々をご紹介いたします。

もしかしたら、私が思いついた「意味ある、見えない価値」の中身を少し感じ取っていただけるかもしれません。

ほうきとチリトリ――スタッフの雇い方

開場を3カ月後に控えた頃、ふと気づいたのです。「で、誰が動くの？」。

運営を統括する大下支配人、劇場のハード、ソフトに関しては村上と私、その補佐を行澤孝、そして経理面については先述の岩田和子がいたものの、利用者、お客様を迎えるにあたって細かく動いてもらえるスタッフが必要でした。ひとつのイベントを作るにはほぼ

９割方は細かい事務作業が必要になりますし、入場客のアテンドも「わかっていないと」務まりません。

私は長年、自前で公演を打ってきましたが、本を書き、演出を付けてそれでよしというわけではなく、チケットを発送したり受付でもぎり（半券を切る作業）をしたり、出演者の弁当を買いに走るなんてことは普通にすべてこなしてきましたが、それはあくまで「しくじったらオレが土下座する」レベルの小規模公演での話であって、まがりなりにも劇場経営ということになればそうもいきません。

村上事務長の手配で求人情報をハローワークに掲載し、面接試験まですべての採用活動を進めてもらいました。面接にやってきたのは２名。村上が対応し、結果その２名を３カ月間の試用期間をつけて採用しました。

ハタチ過ぎの、Ｙさん（仮名）の場合。

入社後すぐ、劇場前の掃き掃除を任されたＹさんはホウキとちりとりを持って作業を始めました。一生懸命、右手でホウキを使ってゴミを集めているのですが、ちりとりの柄《え》を左手で固定していないので、地面に置いたままのちりとりが動いていくのです。

劇場の前を、ホウキで掃きながらひたすらグルグルと回転している若い女の子がいる。

「君。それはなんかの儀式か」

まさかとは思いましたがYさんはホウキで掃除をしたことがない子だったのです。

ふと「やべえな」とは思いましたが、掃除なんか要領を教えれば済む話です。

問題は、Yさんが「舞台になんの興味も持っていない人」だったことです。

事務員といえども劇場に勤めるならば最低限の舞台用語を知ってもらわねば話にならない。例えば、客席から向かって右が上手《かみて》、左が下手《しもて》。「平台《ひらだい》」「箱馬《はこうま》」といった道具についても名称くらい把握してもらわないと支障が出ます。興味がなくても学習はしてもらわねばいけません。仕事ですから。私が「舞台用語集」なんてものをＹさんに手渡し、「少しづつ覚えようか」と言いますとＹさんは満面の笑顔を浮かべ「大丈夫でぇーす！」と軽く押し返してきました。

Ｆさん（仮名）の場合。

大学で学生演劇の活動、またその制作にもいそしんでいたというＦさんは、Ｙさんと違い、舞台や演劇を愛しており、裏方の知識も豊富で即戦力として期待できました。第一印象、ちょっと人見知りなところがあるなとは思いましたが、これから実際に劇場で働いていけば「ビジネス」としての舞台作りを覚えられるだろう、私はよかったよかったと一安心しました。

さてＹさんの出社初日。私が「企画室」で企画書を書いておりますと、いきなり背後のドアが「ガラッ」と開きました。振り返ると廊下に立っているYさんと目が合ったのですが、Yさんは無言のまま静かに、静かに、なにごともなかったかのようにドアを閉めました。

行儀ええやん、とか言うとる場合やない。

私も大人ですから百歩、千歩譲ります。ノックせずに開けたものはしょうがない。

でも「すみません！」は言おう。言ってから静かにドア、閉めよう。

もしかしたら、ドアを開けたら白髪のオヤジがちまちまと書き物をしている妖怪みたいな姿が目に飛び込み、恐れおののいたのかもしれませんが、そこはそれマナーです。

そこから数カ月、私と村上の間で

「あのふたり（は誰が採用したのか）」

「（食い気味で）ぼくです」

というプチ・コントが続きましたが、結局、試用期間終了と同時にYさんは不採用ということになりました。

残ったＦさん――船野沙織は現在、神戸三宮シアター・エートーのＡＰ（アシスタントプロデューサー）として、チケット販売、管理から受付業務までを一手に引き受け、ついにはお客様からＳＮＳ上で「エートーの気さくで丁寧《ていねい》な受付嬢」などと書かれるほどになり、あらゆる公演の裏方として「いないと困る」存在になったのですから、やはり「好きこそものの上手なれ」です。

少人数熱中症寸前行列整理

第２章で記した通り、神戸三宮シアター・エートーは半地下という構造ゆえ、バリアフリーとはならず、場内は階段形式になっています。このことから、車椅子のお客様のご入場には私も含めスタッフがお手伝いしてご入場いただくようにしました。構造上の不備は人力で賄《まかな》えばよしと思うものの、各所にある微妙な段差の解消のため、開場してからしばらくは村上が車椅子用のスロープや段差を埋める台を日夜、工作し続けることになりました。

また、客席に入るドアが場内後方に2つあるものの、受付を済ませたお客様とまだ済ませていないお客様が動線上でぶつかってしまい、混乱することも判明しました。

結果、入場時は入り口を一本化し、必ず誘導係がつくように決めました。劇場内に入ってからも、ご高齢の方は足元が要注意となります。開館最初のイベント「松尾貴史 presents A★to プレこけら落とし記念落語会」の際は問題発覚連発の真っ最中で、私がとっさにあるお客様の手を取って客席までお連れした時、四方から「よっ、紳士〜」というお声がけをいただく有様でした。私も紳士と呼ばれて悪い気はしませんが、こうなることが事前にシミュレートできていないことが問題でした。

２０１７（平成29）年4月に『神戸三宮シアターA☆to ガクセイ演劇祭』を開催しました（桃谷高校文芸部ドラマ班、六甲アイランド高校演劇部、神戸龍谷《りゅうこく》高校演劇部、神戸大学附属中等教育学校演劇部、御影《みかげ》高校

演劇部、精華高校演劇部、須磨友ヶ丘高校演劇部）。

これは6月の正式開館を前に「プレオープン期間」を設け、試用の意味も込め利用料割安でイベントを開催しませんかとSNS上で呼びかけたところ、私と村上の旧知で、桃谷高校文芸部ドラマ班顧問（当時）であった梅本雅之先生が主催者として名乗りを上げてくださいました。

梅本先生の手配により、桃山高校以下、6校の演劇部が集まってくれたのですが、本番当日、思いもよらなかった事態に直面します。ひとえに私たち劇場サイドが高校演劇祭という「家族なら行くに決まってる」コンテンツを読み誤っていたということに尽きるのです。そもそも2日間で総勢70～80名にも及ぶ高校生が入れ替わり立ち替わり出演する、しかも厳密には2回のみの公演（終日各高校の発表が続く1回公演）、最大客数1回100席の劇場に、かわいい子供の親兄弟、親戚縁者、一族郎党が大挙押し寄せたらどうなるか。

結果、日差しの強い劇場前の道路に長蛇の列ができ、幅も狭く車

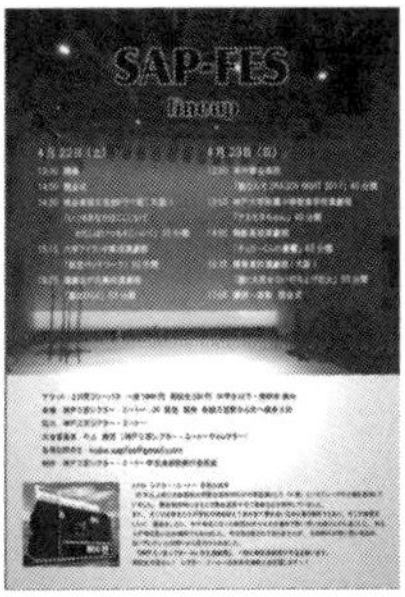

神戸三宮シアターA☆toガクセイ演劇祭

１台が通るのに精いっぱいの前面道路に私、村上、行澤が出て交通整理（ちなみに私は警備員のバイト経験がありますので誘導はお手の物）、熱中症の危険性を感じつつ入場誘導、そして近隣店舗への謝罪回り。

一方、場内はほぼ１２０％の動員。正式開館もしていないのに、いきなり消防法施行規則違反になってしまいます。人いきれで蒸せる中、立ち見のお客様はロビーにまで溢れ、開け放した扉から覗かざるを得ない。入れないお客様、わが子の晴れ姿を見損なわさせるわけにはいかず、ついには運営スタッフ準備室として使っていた個室のE楽屋を急遽開放し、部屋の備え付けの舞台モニターで鑑賞いただくような申し訳ない事態となってしまいました。

これは、私たち劇場サイドが、主催者である梅本先生に事前の来場者見込み数を確認していなかった、まったく初歩的なミスによるものでした。

「お客様が来るに決まってるイベント」をナメてかかると大変なことになります。

この日、2017年４月22日（土）の神戸市内の最高気温は20℃、平均湿度45％、終日快晴（気象庁ホームページより）。

遭難続出の駅前ダンジョン

劇場が位置する神戸市中央区琴ノ緒町は２０１５（平成27）年の国勢調査で、人口が１９１２人、うち男性が９５７人、女性９５５人となっています。１丁目から5丁目まであるエリアでこれが多いのか少ないのかピンときませんが、神戸の中心・三宮のど真ん中に位置するエリアとしてはやはりひっそりとしています。実は私は小学6年の頃、現在のエートーの近くにあった進学塾に通っていたのですが、当時（１９７８年）すでに「寂しい界隈」と感じていました。今は飲み屋さんが増えて〝裏三宮〟みたいな風情になっていますが、ＪＲ三ノ宮駅の北側にある「にしむら珈琲　三宮店」の裏側に回ると雑居ビルが入り組み、ちょっとしたダンジョン（迷宮）っぽさがあります。

結果、「駅から徒歩3分」と謳《うた》っているにもかかわらず、開館当初は劇場に行こうとして迷い込む人続出という事態が生まれました。これは開館前から危惧していたため、私がＪＲ三ノ宮駅から歩きながらスマホ動画を撮り「エートーまで歩いてみた」と題してYouTubeにアップしたのですが、とくに落語会にお越しくださる方の多くはYouTubeやググってみる（グーグルマップなどで検索する）なんてことに馴染みの薄い層です。

開館最初のイベント「松尾貴史presents A★to プレこけら落とし記念落語会」の開演直前、劇場の電話は鳴りっぱなし。それすべてが「ダンジョン落ち」したお客様からでした。

それ以降もしばらくは

「今、まわりに何が見えますか！！」

「山はどちら側に見えますか！（神戸は山が見える方

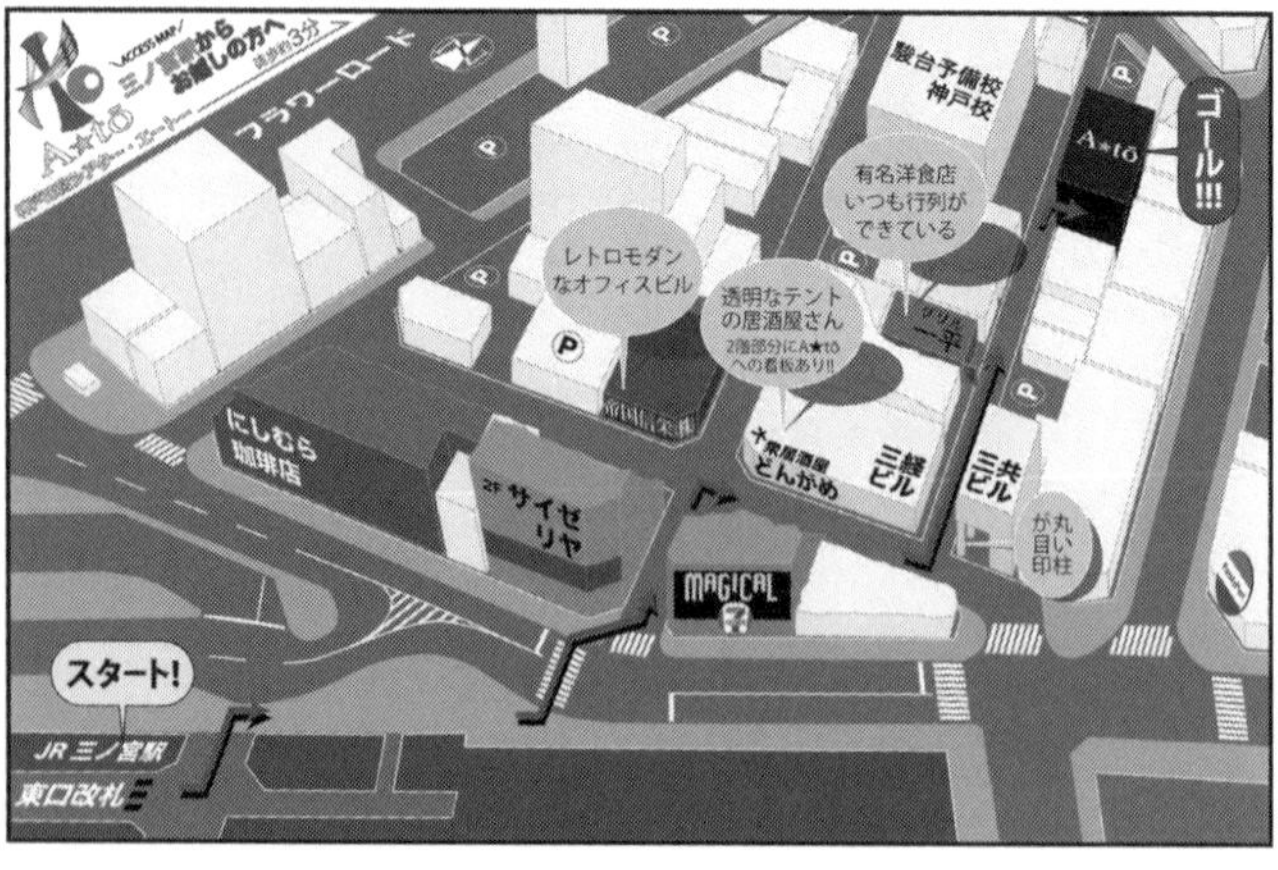

JR三ノ宮駅からエートーまでの案内鳥瞰図。

向が北です)」と、救助要請への対応みたいな電話のやり取りの果てに「にしむら珈琲さんの前にいてください!」と、船野沙織や行澤孝、ついには経理の岩田和子までもが劇場を飛び出していくということの繰り返しでした。

開演時間がかなり過ぎてから、ようやくたどり着くお客様も多く「全然わかれへん！　なんでよ！」とお叱りを受けることも多々あり、なんでよと言われても劇場の立地についてはいかんともし難いのですが、これも劇場側の改善余地ありと考え、村上が鳥瞰図を模して新しく地図を作成しました。

演劇人よりフリーダムな方々

２０１７（平成29）年6月の正式開館から1カ月は「こけら落とし記念」として自主企画イベントを積極的に開催していました。私は大下支配人の「当面は広告費を出すつもりで自主イベントを打っていく」という方針を踏まえて各イベントの製作を統括していました。エートーは舞台後ろの壁（ホリゾント）が白で、スクリーンとしても利用できます。プロジェクター（ＥＰＳＯＮ　ＥＢ‐Ｚ９８７０Ｕ）も常備されていることから、映画祭はどうかという話が生まれ、あるフリーの映画監督をプロデューサーとした自主製作映画祭の企画を進めました。くだんのプロデューサーは、いくつかの作品、監督を紹介してくださり、上映許可の根回しも一手に引き受けてくださいました。上映ラインナップ、日程や販売方法などを詰めていき、さて肝心の集客です。

　自主企画である以上この映画祭に関して劇場側も積極的に集客していくつもりでした。多少の予算持ち出しは仕方ないとして最低限、経費分は回収しなければいけません。その上で、プロデューサーにも客入れの協力をお願いしたわけです。

「お客様はね、来ると思いますよぉー！」と明るい返事をいただき、では、各作品の関係者にも集客協力お願いしますと再度お願いし——

――。

「初日、（上映作品の）監督さんが東京から舞台あいさつに来てくれますよぉー！」

「交通費とか宿泊費はどうするんですか」

「売り上げから出すから大丈夫ですよぉー！」

　劇場と自主映画の製作者の取り分は「入場料の売り上げを折半にする」ということは事前に確認していました。入場料１５００円、30枚売っても新幹線片道分と安いビジネスホテル宿泊代。

「監督さん、帰りの新幹線代はどうされるんですか？」

「大丈夫ですよぉー。往復、夜行バスですからぁ！　あ、舞台挨拶のギャラはいらないそうです！」

　なるほど、それでいいのかとそこは納得し、製作を進めました。

　劇場ＳＮＳでの告知や、新聞などにもプロモーションをかけ、迎えた映画祭、初日。

　客席にお客様、御ひとり――。

まあまあ豪華なホームシアター。

こちらの努力不足を痛感し、これは申し訳ないことをしたと思いつつ上映後の舞台挨拶に出た映画監督を眺めていると、異常にノリノリです。客席に座ったおひとり相手にハイテンションで40分以上喋り続けたかと思うと、最後はプロデューサーとお客様の３人で飲みに行くとのこと。

「楽しい時間、ありがとうございました！　打ち上げして帰ります！」

私は「折半」の７５０円を東京から来た映画監督に手渡し、意気揚々と去っていくプロデューサー、監督、観客の後姿を眺めながら「楽しんでもらえてよかった」と思うのみでした。

私は長年、演劇というジャンルにいるのですが、この劇場に来てから一番実感したことが「自主製作映画関係者、どんな時でも楽しそう」です。いや、自主映画にかかわる人々はだいたいそうかもしれません。なにより金銭への執着が薄いのです。同じような表現方法、同じような経済状態にもかかわらず演劇関係者のほうが「妙に細かくキッチリしてる」気がします。もちろん〝変人の集まり〟には変わりないのですが、映画にかかわる人々はよりフリーダムな気配を漂わせています。

演劇関係者は公演を行う場合、演者含め各自がチケットを売るという考え方が主となっています。「客席を埋めねば」感が強く、万一赤字が出た場合は表方、裏方全員で頭割りしてその分を埋めるといったこともあり、若い人でも思いつめた求道者みたいな気配を漂わせています。しかし自主製作映画関係者は「チケットが売れる、売れない」よりもただ「作品が上映される」ということの尊さに重きを置いており（あくまで菱田の主観です）、おカネは二の次、「ついでにお客様、入ったらいいなっ」みたいな感じです。

これが「お笑い芸人」となるとまた空気が変わり、彼らは新人でもベテランでも、チケットを売るという概念をほぼ持ちません。「芸は買われるもの。頭下げて買ってもらうのではない」というスタンスです。そこを読み違えた結果、のちに開催した若手漫才ライブで「舞台に出た漫才コンビが10組（20人）に客席５人」という事態を引き起こしました。出演者誰ひとり、預けたチケットを売ることはなかったのです（1枚売ったら５００円のキャッシュバックを設定したにもかかわらず）。

劇場という器が「売りに出している商品」である以上、ジャンルごとの関係者気質、空気感の違いを把握し、そのたびに対応する側の私たち劇場スタッフが利用者との向き合い方を切り替えなければ金銭的なネゴシエーション（交渉）に支障をきたすことになります。しかし利用者であるアーティストはみなそれぞれが職人であり、それぞれの確固たる常識と信念があります。

そこを無視してすべて画一的に進めるとヤケドするよと、それもまた勉強です。

「落語は自分の好きな場所で観るもんや」

ジャンルによって空気が違うのは、お客様側も同じです。

ある落語会を催した時のことですが、落語家さんサイドのご要望もあり、前売販売はせず「電話予約のみ。予約順に前列より席を埋めていく」形式をとりました。これは、早い段階でご予約いただいた方により近いお席でご覧いただきたいという考えと、当日の混乱を避けるためでもありました。

しかしこれが大間違いだったことが、公演当日に判明するのです。

まず一番のミスは「予約順指定席」だと告知していなかったことでした。そのため、当日、お客様は「全席自由」だと思って来られたわけです。お客様が来られ、受付で精算が済んだ順に席番を渡して行きます。その時、ひとりの熱狂的なファンとおぼしき方が、受付に立った船野沙織に激しく抗議を始めたのです。

写真左から「第一回 三宮らくご at エートー」「第一回　神戸三宮南天の会」「月亭方正落語会」。

「落語というものは、客は客が観たい場所で観るもんや！　噺家を観るのに、自分の好きな角度があるんや！　遠いところから俯瞰して観たい人もおる！　だから席は自由席にするのが常識や！」

　言われてみればおっしゃる通りです。受付ですったもんだが続き、開演がどんどん遅れてしまう。事情（劇場側と主催者である落語家さんとの事前の取り決め）を説明し、なんとかご納得いただいたのですが、これも各ジャンルで微妙に違う観客の価値観を読み誤った結果の失敗です（ちなみにクラシック音楽～シャンソンのリサイタルなどでも同じ手法を取ることがありますが、そこではこういう苦情は出ません）。

　以降、エートーでの落語会は、すべてを自由席とし、お客様に好みの席を選んでいただけるよう統一しました。

ナグリ事件――善意が裏目に出る時

　劇場の事務長である村上泰児は音響、照明、舞台機材の管理全てを統括。時に地図を作り、時に機材の研修を受けに行き、役所の災害時避難連携会議に出向き、スタッフによる劇場防火点検のローテーションを組み、あげく日常的に劇場の不備を鬼のように見つけ出してはトンカチ片手に補修工事をしています。持って生まれた小姑気質もあるのですが、「劇場で生きていく」という腹づもりを決めた白フン男の気概とでも申しましょうか。

　ところがその気概と熱意が裏目に出たことがありました。

　ある小劇団が貸館利用で公演を打ってくれた時のことです。お客様が終演後に劇場を出る際、足元に不具合が出そうな不備があることに村上が気づき、補修を公演本番中の空いた時間に済ませてしまおうとしたのです。

　その際、劇場4階でナグリ（トンカチ）を使って板を叩いたのですが、カンカンと響く音が予想以上に1階劇場の観客席に反響してしまったのです。間の悪いことにそれが作品のクライマックス、最も感動的な表現を見せるシーンだったため、終演後、主催者側より大変な抗議を受けました。

村上としては劇場の不備で迷惑をかけられないと慮《おもんぱか》った上での行動でしたが、完全に裏目に出た形。これはもう、弁解の余地がないミスです。演劇がやり直しのきかない「観客と限られた時間を共有する一回性の芸術」である以上、劇場が１００％、責任を負う必要があります。負ったからといってリカバリーできないのが辛いのですが。

これ以降、劇場スタッフは「本番中は呼吸止めろ！」レベルの意識を持ち、劇場の階段を歩くにも忍者のように気配を消して移動するようになりました（緊急事態があれば迷わず走りますが）。

小さな劇場であるからこそ、徹底して細心の注意を払わねばなりません。

砂漠に水を撒く

とんでもないミスは村上だけでなく、私もやらかしております。

そもそも私には「営業」の才覚がない。ではほかになにがあるんだと訊かれても答えに窮しますが、およそ「モノを売る才覚」は欠けているのです。これまでえらそうに「劇場ビジネス」という用語を使ってきておりますが、ビジネスの主軸が「公演を売る」ということであるならば、そこはお手上げです。単純にチケットを売るということだけでなく、売り方のセンスがなければ成り立ちません。

前章で、桂南光師匠の「三ノ宮南光亭」を定期的に開催、ということを書きました。これはすべて米朝事務所の主催であり、劇場は「貸館」で使用料をいただくという形をとっています。開催すると間違いなく満員札止めになる、エートーの「キラーコンテンツ」です。

さて、エートーが開館し1年が経つ頃、私は周年記念として「三ノ宮南光亭スペシャル」と銘打ち、この回に限り劇場が米朝事務所から興行を買うことを提案させていただきました。宣伝広報、チケット発券をすべてエートーで取り仕切り、米朝事務所さんには1公演分の出演ギャランティをお支払いするという形式です。常に満員札止めの「三ノ宮南光亭」。ましてや、今回は劇場1周年記念のスペシャルです。間違いのあろうはずもない。ギャラを払った売り上げは劇場に残りますので万々歳。私は完全にタカをくくっておりました。

本番1週間前、チケット管理を担当する船野に券売状況を確認すると「20枚です」。

おや、動きが遅いなといぶかりつつ、これまで米朝事務所が管理していた会の、開催直前の券売状況を把握していない私は「当日に伸びるな」とまだ悠長に構えておりました。そこからTwitter, Facebook, ホームページの更新など宣伝を強化し、迎えた本番。

通常よりも7割減の30名程度のお客様しかご来場になっていません。

興行は水物といいますが、そのレベルの話ではない。

敗因はただひとつでした。

これまで定期的に開催していた「南光亭」は、米朝事務所がチラシ配布などの告知だけではなく、顧客管理リストに登録されているすべてのお客様に毎回直接、ご案内と申し込み用紙を郵送し、直前には電話で一押しのお誘いもされていたのです。落語会担当のマネージャー氏はお客様の顔と名前を覚えるほどのお付き合いを重ねています。落語会の顧客は年齢層が高く、ネットでの情報拡散ではヒットしない。ゆえに地味でも最も有効な営業方法を取っておられたのです。

私は、草も生えない砂漠広がるネット上にジャブジャブとひたすら水を撒き続けていたわけです。

完全な営業センスの欠落。開館から1年の間、自主企画に関してはデジタルを駆使し、ほぼ70％近い集客率を上げていたのですが、ここにきて地道なアナログ営業の力がまだまだ強固であると思い知らされました。

この日、空席だらけの客席を前に、高座に上がった南光師匠が開口一番、

「今日は南光亭スペシャルいうことで——。めちゃくちゃ少ないスペシャルですな」

と、笑いに変えてくださいました。

　終演後、ダッシュでお詫びに上がったのは言うまでもなく。

本番直前の中止命令——少女たちが教えてくれたこと

　神戸三宮シアター・エートーの開館直前、私は劇場には継続できる独自の活動が必要だと感じました。エートーは舞台のみならず、4階に多目的スタジオを、劇場から徒歩5分の三宮センタープラザにもダンススタジオを併設しています。作り手である私や劇団赤鬼の座長として舞台作りに長けた行澤孝といったスタッフが劇場を若い舞台人の育成の場として利用できるなら、それによって生まれた表現者を使った公演企画を継続して作っていける。単発のイベント企画だけでなく、持続可能なコンテンツを持つべきだと考えたのです。またそれによって劇場は定期的な月謝収入を確保することができます。

そこで大下支配人に提案、許可を得て「劇場付属Jr.ミュージカル劇団」を開設するべく、募集要項をリリースしました。

神戸新聞　２０１７年５月30日

ＪＲ三ノ宮駅前に6月1日にオープンする小劇場「神戸三宮シアター・エートー」（神戸市中央区琴ノ緒町5）が、付属のジュニア・ミュージカル・カンパニーを創設し、参加する小中学生を募集している。神戸近辺では珍しい試みといい、プロデューサーに就任する神戸出身・在住の脚本家　菱田信也さん（51）は「神戸発のミュージカルスターを育てたい」と意気込む。（上杉順子）

劇場は間口7・5メートルの舞台を備え、演劇や落語、ライブなど幅広い用途を想定。客席数は１００だが、全員を立ち見にすれば１５０人を収容できる。

「エートー」の名は支配人の大下順子さん（50）＝同市須磨区＝が青春時代を過ごした大阪芸術大の施設で、学生のたまり場だった小屋「Ａ棟」にちなむ。

「大阪にはＡ棟や扇町ミュージアムスクエアなど、夢を追う若者が熱く語り合える根城があったが、神戸にはもともと少ない」と菱田さん。「エートーをそういう存在にする出発点として、子どもたちにも集まってほしい」と呼び掛ける。


参加に際し、オーディションなどの選抜はしない。総監修は神戸拠点の「劇団赤鬼」座長・行澤孝さん（37）。レッスンは同劇場や近くの専用スタジオで月４回程度を予定する。行澤さんや菱田さんが指導するほか、ダンスやボイストレーニングを行う。今年の年末か年明けに、初の公演開催を目指す。レッスンの行き帰りは保護者が必ず送迎する。月謝８千円。シアター・エートーTEL０７８・２３１・００１１

公募の結果、市内の小・中学生（すべて女子）が10名集まり、7月よりレッスンを開始しました。劇団名は、作家の玉岡かおる先生に命名をお願いし「ミュージェルＫｏｂｅ」（「ミュージカル」と「エンジェル」を合わせた造語）と名付けました。

私は、期せずして女の子だけが集まったこの劇団をいわゆる「ご当地アイドル」にしようとは思わず、まして興行収益を見込んだ劇場ビジネスの一環とも考えていませんでした。あくまで劇場のコンセプトを形にしたもの、「この劇場からなにかを生み出す」という発想を具体化することで、劇場の存在価値を、まだ劇場に足をお運びではない方にも示そうと考えていました。

私と行澤孝は子供たちに基礎を教えてくれるダンス、声楽の講師を集め、９カ月のレッスンを経た２０１８（平成30）年3月、初めての発表会として、東京で活躍する劇作家・渡辺和徳氏の脚本「Ｗｅ ａｒｅ！」を上演しました。公演はメンバーの保護者やご親戚、その友人の方々に温かく見守られ、大盛況で終了。なんとか継続していけるかと思ったのですが――。

第1回の発表会を無事に終えた私の中で、子供たちは一度舞台を踏み、作品づくりの楽しみを知り、互いにチームワークも深まった……という、どう考えても「大人の勝手な思い込み」が生まれていました。当然ながらそんな簡単なものではありません。

まだ多感な子供たちを相手にする以上、私が厳格に演者としての姿勢を「指導」するべきだったのですが、私はそこを疎《おろそ》かにしていました。劇場が開場して1年。青息吐息ながら、ここまでなんとかうまく運べて来たという「安心」が逆に「油断」になっていたのは間違いありません。

舞台を作って観客に見せるには大前提として「観客のことを第一に考える」が最優先のはずですが、私は「子供（演者）たちが楽しめるもの」を作ろうとしてしまいました。

しかし、そうなるともはや「劇場の本質」から外れていきます。

「We are!」（作／渡辺和徳・演出／菱田信也）

次は夏休み、子供たちにそれぞれダンス、歌、芝居など自由に出し物を考えさせ、１回のみの自主イベントを企画しました。それぞれグループを分けさせ、自分たちでスケジュールを組み――。要は「お楽しみ会」ですが、最終的に私がまとめて構成演出をする計画でした。

子供たちの自主性に任せて演目を作らせる。それが絶対にうまくいかない流れだと、もはや火を見るよりも明らかだったはずなのですが、私は押し切り、結局ほころびが生じ始めました。

なにより、私はメンバーの中にいる「楽しめと言われてもうまく楽しめない子供」の気持ちに沿ってやれなかったのです。これは致命的でした。子供たちはそれぞれ時間を合わせて劇場やスタジオで練習を重ねていましたが、本番が近づくにつれ、子供たちの間の温度差がハッキリと出始めました。ここで演出家としてキッチリと出し物の内容すべてをチェックし、甘い部分があれば厳格に修正させるなどの統括をしていれば良かったのですが――。

そして迎えた本番当日。午後の開演に向けて、朝から劇場に集まった子供たち。スマホをずっといじっている子、舞台準備をする村上を眺めながらお喋りをやめない子――。本番前の演者の態度としては程遠い状況でした。

私は子供たちを集め、数時間後に迫った公演の中止を伝えました。仲間内の発表会とはいえ、友達に誘いをかけていた子にとってはショックだったと思います。私は責任者としての自分の失敗を詫びたうえで、「舞台に立つ側」としての考えをもう一度あらためるよう言い渡し、その日は解散。おそらく、何人かは号泣していたと思います。

私はあらためて、ゼロから舞台作りに取り組むことを子供たちに約束し、これ以降、２０１８年12月に初の本公演として「長靴をはいた猫」を原作とした脚色版「ＤＥＢＵＴ！」を上演し、丸2年目の２０１９（令和元）年5月、神戸まつりにおける、地元テレビ局サンテレビが主催する野外イベントステージに、ダンスや寸劇での

「DEBUT!」
（演出／菱田信也）

出演を果たしました。

あの中止した夏休みイベント以後に残った子供たちは誰ひとりやめることなく、現在はメンバーも増え、継続してレッスンに励んでいます。

劇場はたしかに生き物であり、作り手が正面から向き合わないと何も生まれない。神戸三宮シアター・エートーの芸術監督になって丸3年。いつの間にか、この子たちがスタッフ以外でもっとも長く付き合ってきた仲間となり、むしろ多くの事を教えてくれる存在になっています。

2019年、神戸まつり
「おっ！サン商店街（サンテレビ）ステージ」出演後に。

第5章　目の前の可能性

――「もしかしたら自分もここで」

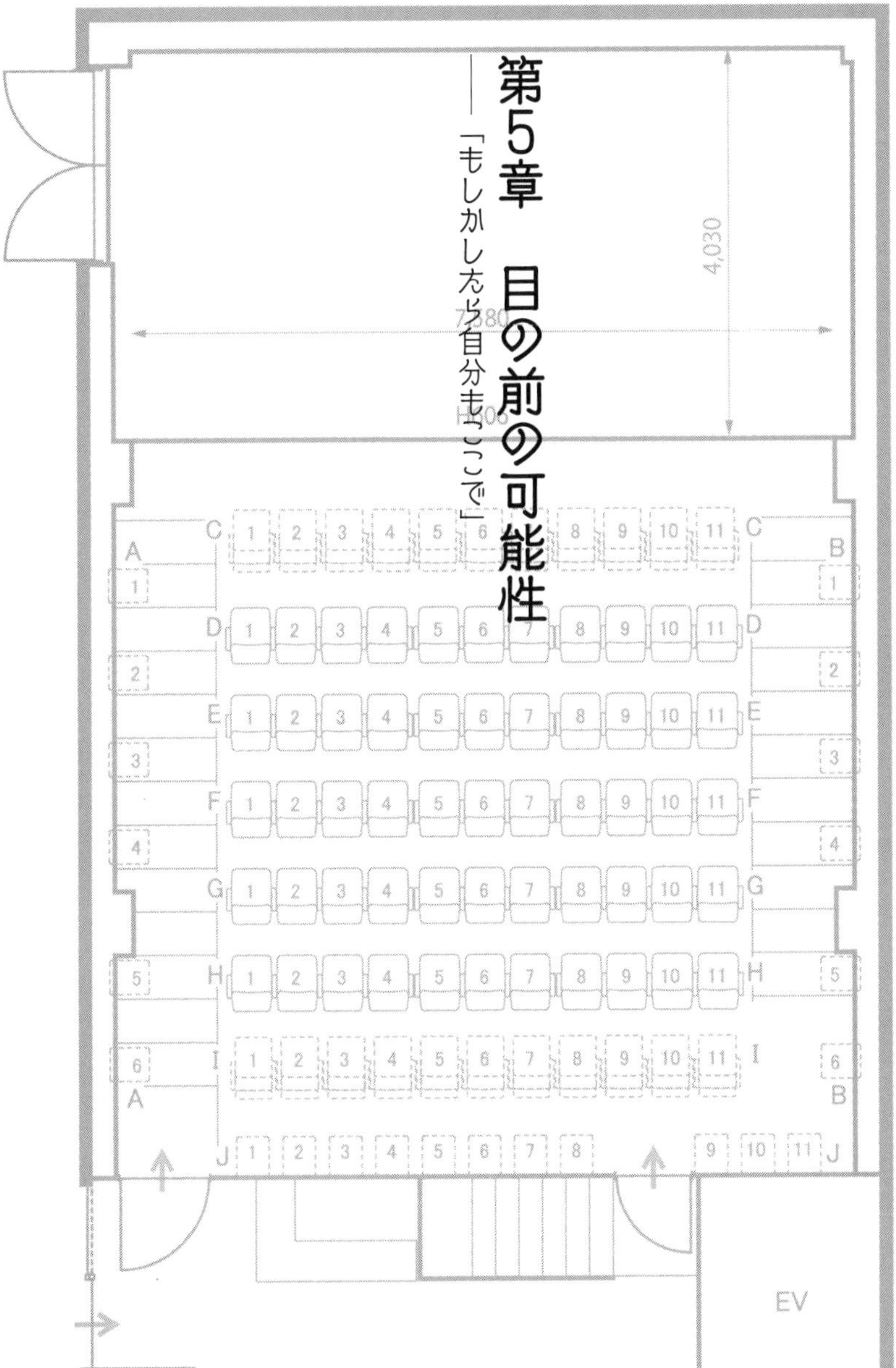

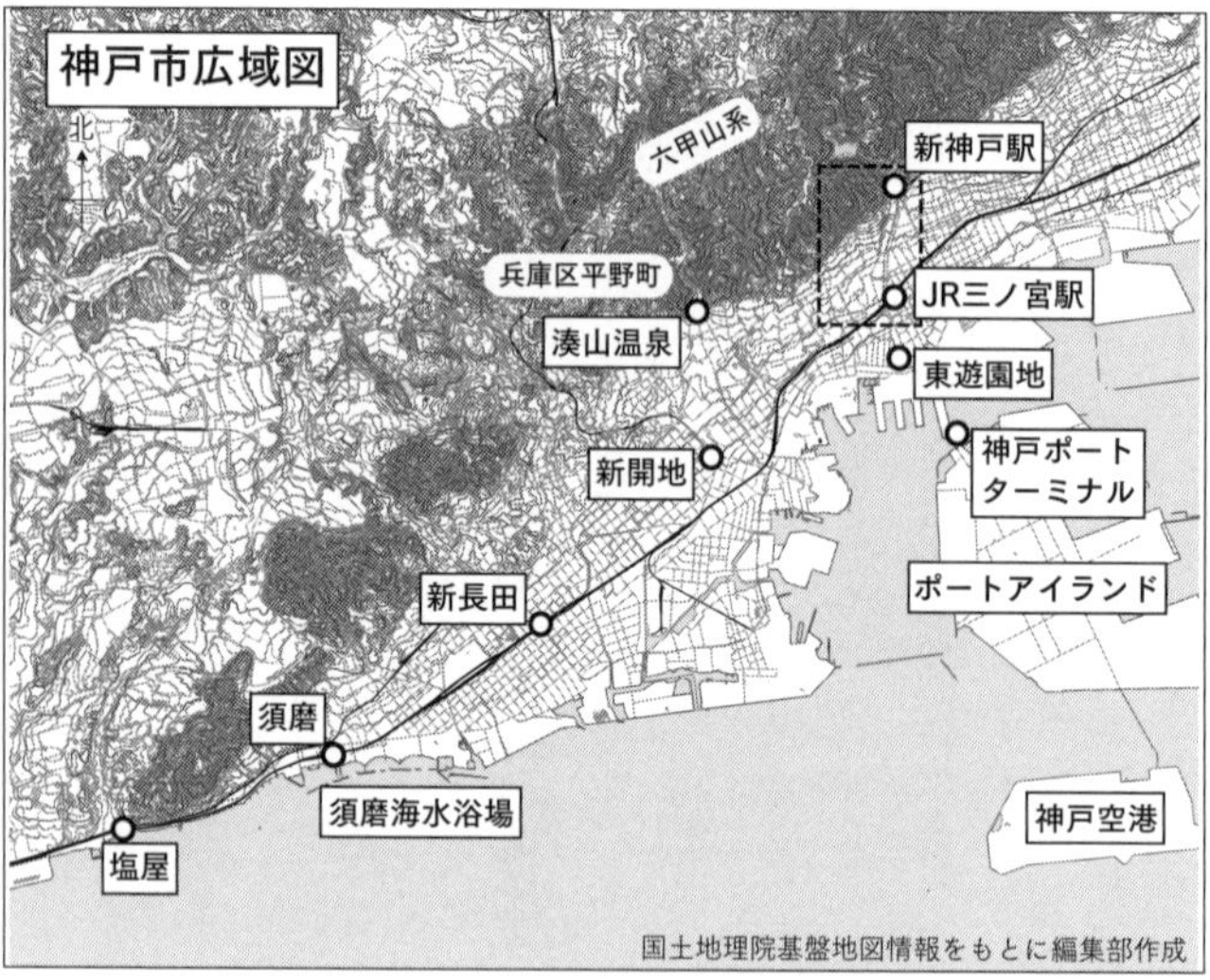

神戸市広域図

国土地理院基盤地図情報をもとに編集部作成

国土地理院基盤地図情報をもとに編集部作成

父たちの街への嫉妬

関西圏におけるパフォーミングアーツ（舞台芸術）の本拠は大阪のキタ、ミナミといわれています。京都においてはアートスペース無門館（のち「アトリエ劇研」。２０１７年閉館）などを発信地とした学生演劇の隆盛、ほかには宝塚歌劇の圧倒的な繁栄もありますが、江戸時代から五座（浪花座、中座、角《かど》座、朝日座、弁天座）と呼ばれ賑わった劇場文化からひも解いても「芝居を見るなら大阪」というイメージはやはり確固としたものがあります。

では神戸はどうかと考えれば、かつては芝居小屋や映画館が立ち並び、「東の浅草、西の――」と謳《うた》われ、人の流れが絶え間なかったといわれる新開地の歓楽街がありました。しかし、新開地の時代は遠くに過ぎ去り、長らく神戸は「興行の根付かない街」と呼ばれてきました。

私は１９６６（昭和41）年生まれなので直接肌で感じたわけではないのですが、資料で見られる「興行文化の発信源」だったうど、私の父が三十代の頃から足しげく通っていた「北野クラブ」にはジャズバンドが入り、当時の売れっ子ジャズメンが毎夜演奏を繰り広げ、現在「東急ハンズ」が建つ場所にあった巨大なキャバレー「新世紀」のステージには次々と一流芸能人が登場していたという、華やかな時代です。

ではなぜそんな空気が消え、興行の根付かない街になったのか。あくまで私見ですが、おそらく、１９６４（昭和39）年から開始された「第一次頂上作戦」、兵庫県警による暴力団壊滅作戦による「興行と裏社会のつながり」を断ち切る動きが大きかったのではないでしょうか。

昭和を代表する歌の女王・美空ひばりの所属していた芸能プロダクションが神戸を本拠地とする日本最大の暴力団・山口組が経営す

る会社であったことは周知の事実です。美空ひばりと小林旭《あきら》の離婚会見に山口組三代目・田岡一雄組長が同席し、記者の質問にも堂々と答えていたのですから別に隠していたわけでもありません。

しかし「頂上作戦」の効果によって公営のホール、劇場、キャバレーにいたるまでが暴力団の介入を拒絶し始め、これによって興行界を取り仕切っていた勢力は影響力を失いました。以降、市行政側は「クリーンでおしゃれな街・神戸」キャンペーンを繰り広げ、その結果、いつしか神戸は「住むだけでいい街」になっていった、そんな気がします。

私は興行界と暴力団の関係が強かったことを「それがよかったのにー」と言っているわけではありません。ただそういう経緯があったから、神戸は「今後は芸能とか興行とか、めんどくさそうなことはよその街、うん、たとえば大阪とかに任せたー！」という流れになり、それ以降、演劇や音楽も、やたら行政主導の「推奨できるおきれい文化」の中に収められ、じみーなムーブメントになっていったのは事実だと思います。

ムーブメントの熱が失せた街、神戸三宮にあえて生まれたシアター・エートー。私が大志田詢子支配人に申し出て、この劇場に勤め始めた経緯は第1章に記しましたが、実はもうひとつ、きっかけがありました。それはやっぱり「街」に抱いた、ある感情だったのです。

1枚の古い写真があります。これは、1945（昭和20）年10月、終戦直後の神戸三宮一帯をとらえた航空写真です。この写真を見たのは2016（平成28）年の夏、東京でテレビドラマを書いている頃でした。

写真中央には現在の阪急神戸三宮駅、

1945年10月ごろ、焼け跡の広がる神戸の街。中央に省線・三ノ宮駅と阪急三宮駅、右手前に生田神社＝進駐米軍機から撮影。（毎日新聞）

旧阪急会館、ＪＲ三ノ宮駅があり、右側に生田《いくた》の森（生田神社）、中《なか》山手《やまて》カトリック教会、北野坂の、のちに私の実家になる場所も映っています。私の亡くなった父親が少年時代の姿でどこかに映っていないかと目を凝らして見たくらい、地元ど真ん中の風景が残されているのです。

左側下には加納町（3丁目）交差点。この交差点のやや海側（写真上部）あたりが、まさに現在、神戸三宮シアター・エートーがある琴ノ緒町5丁目です。

この一面の焼け野原から74年。この間、ある人は市場を作り、ある人は病院を作り、ある人は映画館を作り、ある人はジャズクラブを作り——。「形あるものを作る」という行為の連続により、現在の三宮の街は完成されていったのです。

私はこの写真に複雑な感情を抱きました。破壊されつくした街から形ある繁栄を作っていった人々（私の父もそのひとりでした）がいるということに、嫉妬に近い感情を抱いたのです。

自分の仕事は後には残らず消えてしまう、しょせんは「形のないものを作る」こと――。写真を見て強いコンプレックスを抱きながらドラマの脚本を書き、萎《しお》れたように神戸に帰ってきた私が、まさにその時「新しい劇場の誕生」を知らされたことは、とんでもなく奇跡的なタイミングだったような気がします。

もしかしたら、自分もここで形あるものが作れるかもしれない。それが、神戸三宮シアター・エートーにかかわりたいと考えた大きな動機になりました。

ここで作った芝居やイベントは終演すれば消えてしまいますが、その瞬間瞬間、人々の頭に残る記憶は繋いでいける。「あの時、おもろかったなぁ」というお客様の思いが建物の中に積み重なっていく。そんな、形の残る劇場を作っていきたい。

この劇場も時がたてばいつかは消えてなくなります。もしかしたらスミレ会の前田理事長が経営判断を下し、いきなり病院に変えてしまうかもしれません（たぶん劇場が手術室、楽屋が病室になる、じゃあ事務所はナースセンターかしらと、ひそかに想像したりしています）。

しかし、ある一時期、何ものにも代え難い熱い瞬間〜「ゴールデンエイジ（黄金時代）」がここにはたしかにあったのだという事実を作りたい。思い浮かべるのは、名画「ニューシネマパラダイス」の、シチリアの小さな映画館に村人たちが集まった、あのしっちゃかめっちゃかな日々です。

「文化」というものは、そんな小さな憧れから勝手に生まれてくるんじゃないでしょうか。

神戸の不動産屋さんに訊いてみる

『芝居小屋戦記』の発行人である苦楽堂・石井伸介氏から、『ローカルエコノミーのつくり方〜ミッドサイズの都市から変わる仕事と経済のしくみ』（「神戸から顔の見える経済をつくる会」著）という本を手渡されました。著者のひとり、神戸R不動産[*1]の小泉寛明さんと対

『ローカルエコノミーのつくり方』（学芸出版社、2019）。農家、萱葺屋根職人、家具職人、ヤギを飼う人など、神戸で暮らし働く人たちのスモールビジネス事例を紹介する本。神戸R不動産の小泉さんは本書著者「神戸から顔の見える経済をつくる会」代表。

＊1　神戸R不動産　有限会社 Lusie が運営する神戸の住宅、オフィス、店舗を扱う不動産仲介事業。小泉さんは1973年兵庫

談しないか、と。私は「対談？　芝居小屋のホンで、なんの？」みたいな、はて、最後になにを見出せばいいのかが「なんやらわかってませんけど」のまま、神戸三宮シアター・エートーに小泉さんをお招きし、お話しをさせていただきました。

東急ハンズと山に歩いて行ける街

菱田　『ローカルエコノミーのつくり方』に登場する場所が、ほぼほぼ、うろちょろしてたところでした。ぼくの実家が、今、ダルビッシュ記念館[*2]がある場所なんです。

小泉　えっ？　あそこなんですか？

菱田　祖父は神戸港に入ってくる外洋船の洗濯ものを扱うクリーニング屋を興して、元々は今の兵庫県庁の近くでやっていたんですが、うちの親父が引き継いで、北野に移ってきたんです。

小泉　へぇー。

県生まれ。関西学院大学経済学部卒。カリフォルニア大学アーバイン校ソーシャルエコロジー学部都市計画修士号修得。99年、森ビル入社。２００６年、アイディーユープラス取締役。ホテル開発・運営、不動産開発・飲食店関連事業に関わる。10年、神戸にてLusie代表取締役に就任。

＊２　ダルビッシュ記念館　２０１３（平成25）年11月、北野にオープンした5階建てビル「ダルビッシュコート」のこと。ダルビッシュ有選手の足跡を展示するミュージアムやタリーズコーヒーが入っている。

菱田　神戸の100年企業だったんです。北野坂のあの場所に工場とマンションを建てたのが1966（昭和41）年です。ぼくが産まれた年なんですけど。東洋ハイツ[*3]のすぐ上なので。で、今、東洋ハイツの中に――。

小泉　うちが入ってます。

菱田　東洋ハイツできたとき、ぼく覚えてるので。

小泉　72年とか73年とか？

菱田　そうですね、ぼく幼稚園だったので。で、家の隣にインドクラブ[*4]があって、インド人の子たちと水のぶっかけあいしてたんですけど。

小泉　当時、ご実家の前にはドイツクラブ[*5]、あったんですか？

菱田　ドイツクラブはなくなってて、三星堂[*6]ですね。

小泉　今の「メディセオ北野坂ビル」ですね。

菱田　で、13〜14年前に会社を――震災もあって畳むことになって、で、築50年だったので、配管も駄目になっているし、売るにしても

＊3　東洋ハイツ
北野坂に面した7階建てマンション。神戸市中央区山本通。神戸R不動産は2階に入居。1972（昭和47）年8月竣工。

＊4　インドクラブ
一般社団法人インドクラブ。1904（明治37）年、"Oriental Club"として創立した日本在住インド人の親睦組織。

＊5　ドイツクラブ
正式名称「クラブ・コンコルディア」。1868（慶應4）年、ドイツ人、オランダ人、スイス人が居留地に発足した「クラブユニオン」

神戸市中央区山本通の北野坂に面した三星堂旧本社（ドイツクラブ建屋。手前で同社神戸営業所が建設中）。出典『風雪七十年 三星堂社史』（1968）

が前身。１９２７（昭和２）年、山本通1丁目に移転新築。その建物を55（昭和30）年に本社ビルとして購入したのが三星堂。敷地南端にクラブ・コンコルディア当時の礎石銅版がある。

＊6　三星堂
１９２３（大正12）年設立の医薬品卸会社（現・メディセオ）。１８９８（明治31）年、神戸の元町通6丁目に創業した「熊田三星堂薬舗」が前身。現在山本通1丁目に建つのはメディセオ北野坂ビル（旧三星堂本社地）。

潰すにしてもおカネないし。丸ごと買っていただいて出たんです。10年近くそのままだったんですけど、「ダルビッシュのお父さんが買った」って（笑）。自分の実家が観光地に（笑）。

小泉　ぼくは13〜14年前に北野に引っ越したんです。サドワニマンション[*7]に。かなり古いマンションなんですけど、インド人が所有者。行ったらもう近所、連れ回されて（笑）。みんな日本語ペラペラの外人ばっかで（笑）。なかなか人なつっこい。あの辺はオーナーがインド人、中国人が多いんで、日本人と感覚ちょっと違うんです。「潰して新しく建てよう」ではなく「ずーっと持っとこう」みたいな人が多いんで、ちゃんと、古いまんまに直してはる（笑）。ぼくらの住んでたマンションも、ユニットバスに「東洋陶器」って描いてある。今のTOTOですね。

菱田　おお、おしゃれ。

小泉　めっちゃ外人仕様の。でも、そのトイレが潰れて、流れへんようになって、大家さんとこ行ったら業者さんが来て「これ全部潰

＊7　サドワニマンション　北野町に建つ5階建のマンション。1969（昭和44）年建設。

してやって200万です」って見積来て。おばあちゃんが「そんな200万も」って困ってたら、ユダヤ人の大工さんがやってきて、ちゅるちゅるって紐かけてきゅってやったらぴゃって直ったんです(笑)。

菱田　えー(笑)。

小泉　そういう人、けっこう裏方にいて、直して、「これ、ビール一杯でええよ」とか言うて(笑)帰っていくという。ほんま潰れかけのやつをなんとか直しながら使ってて。今は日本人のビルオーナーがぽつぽつ入ってて、建物を潰して新しく建てちゃってますけどね。まだなんか日本人オーナーとは感覚がちょっと違う人がいっぱいいるんで、それがある意味いいとこで。

菱田　貸す方も住む方も個性的な……。

小泉　今もね、何人かちょっと変わった、文筆系の人とか、作家、絵描く人とか住んではりますけど。新幹線の駅も近いし、東京行くの、めっちゃ便利。ぼくらが仕事し始めたの、東日本大震災のあとくらいなんで、そのあと移住してきてる人けっこう多くて。東京でふっうに75平米借りる家賃と比べても、新神戸や北野のあたりは、事務所借りても5万円、事務所と家と一体化して借りても20万くらいで、面積も倍になっていいわ、みたいなかんじで引っ越してきてる人が多かったですね。あと、東京から来たクリエイターが言ってましたね。「東急ハンズと山に歩いて行けるのは珍しい街だ」って（笑）。

菱田　平野に湊山温泉*8ってのあって、今朝も行ってきたんですけど。

小泉　ぼくもよう行ってます（笑）。

菱田　子供の時から行ってたんで。湊山温泉が潰れかけたときがあって、そのときにブログで「ありえへんやろ」って書いたらちょっとバズって。で、そっから店長の阿部さんと仲良くなって。あの辺は最近、美術家とか好んで住みだしてるみたいですね。面白いなと思うのは、神戸ってなんかそういう感じになってきてんのかなって。美術家もいれば写真家もいれば食のアーティストもいる。ローカル・エコノミーの感覚を持ってる人たちがどんどん増えていってる感覚がぼくはちょっとしてて。

＊8　湊山温泉
三宮から自転車で30分弱、兵庫区湊山町にある源泉かけ流しの日帰り入浴施設。１９３８（昭和13）年開業。２０１５（平成27）年に一旦廃業が決定したが、伊豆高原ビール株式会社が支援し新会社を設立することで存続が決定。現在の店長は阿部大《ひろし》。

小泉　家賃も安いし、神戸はそういう人らがちゃんと生活できる場所になっている気がしますよ。

菱田　この前、うちの芝居でヒロインやってくれた女の子がいて、つまり彼女は「看板」なんです。住んでるのは大阪なので、彼女のお客さんも全部、大阪の方なんですね。実は彼女はうちの芝居の後に大阪での舞台にも出ることになってて、そっちは主演じゃない。本人としては看板を張ってる舞台を観て欲しい。でも、ほとんどのお客さんは「大阪でやるんやったら、そっちに行くわ」ってなるんですね。そこは中身じゃなく、距離で人は選んでしまう、彼女も悔しがってたんですけど、「それでも来てくれる人もいるでしょ？少なくても、その人たちに向けてやりゃいいじゃん」って言ったんです。

　無理にドカーンと大多数を狙わなくていい、そういうのが神戸のスタイルなんやないかなって思ってて。いや、まあ、収益は厳しいんですけど。

小泉　別に大ヒットしなくても、なんかこう楽しめるっていうかね、自分たちで。

菱田　うちの劇場は１００席なんですけど、１００席になると一定以上の層を取り込まないと成り立たない。だけど、演劇の世界はたとえば小さなカフェとかでお客さん10人とかで芝居する人もいるんですよ。絶対に採算なんか取れないんだけど、そういうのも好きなんで、たまにしたくなる（笑）。どこか、うまいこと中間のところで成り立てられたらいいんですけど。

今、家賃がめちゃ安くなってる

小泉　さっきちょっと言いましたけど、神戸は日本で一番、人口減少[*9]してる街になったんで、今、めっちゃ安なってるんですよ、家賃。

菱田　そうなんですか。

小泉　ちょっと交通の便が悪いとこ行ったら、めっちゃ安いんです

＊９　神戸の人口減少
神戸市の２０１８年転出超過数は２３３１人（住民基本台帳人口移動報告）で政令市最多。２０１９年１月の日本人人口減少数対前年比（人口動態調査）はマイナス６２３５人と全国の市区町村で最大。神戸市の総人口（２０１９年12月推計）は１５２万２９６４人。東京23区＋政令指定都市の中では長く人口６位をキープしていたが、15年に福岡市、19年に川崎市に抜かれ、現在は８位に転落。

よ。そういうとこに住んで、バイトするなり、週に3日、4日働いて、自分の夢を週3日、4日で追う、みたいなことができる場所。都会だったらグワーッと働かなあかんし、余裕持ってできない。でも神戸なら家賃が安いから、その分、いろいろチャレンジできる場所がちょっとずつ増えてる感じはします。湊山温泉のあたりに住んで、チャリで三宮の仕事場に通って——ということができる。あそこらへん、チャリで行くと実は三宮が近いということをみんなまだ気づいてなくて。

菱田　近いです。気づいてほしい。

小泉　平野のあたりは月3万円で住める。アーティストの人たちのちょっとした雇用の場みたいのが街なかにあって、そこで週3日か4日働いて、平野あたりで楽しく住むくらいの収入はありながら、なんかアート活動できるみたいな。そういう街やったらいいな、と。

　不動産屋やってると、「あの人がこう動く」とか、店の情報が入ってくる。あと、ぼくらは、ファーマーズマーケット[*10]をやってるの

＊10　ファーマーズマーケット
2015（平成27）年からほぼ毎週土曜日に神戸市中央区の東遊園地（JR三ノ宮駅から徒歩10分）で開催されているマーケット。神戸市周辺の農家、加工品業者、飲食店などが参加。時間は9時〜12時30分（冬季は要確認）。小泉さんが代表を務める一般社団法人 KOBE FARMERS MARKET が運営。

で、農家の情報も入ってくるんです。ここは劇場だから、劇団の人とか、アーティストの動向みたいなのがたぶん入ってくるんじゃないかと。「いやあ最近おカネ厳しくて、引越しようと思ってんのや」とか「なんかちょっとこんなんやろうと思ってんのや」とか。そういうのを聞き役になってね、「お前そっち行ったら？」「あそこでやったら」みたいなの。そういうのが街づくりのような気がして。

菱田　つながったら、面白いですよね。ただ、神戸って、やっぱりつながりにくいよなとも思います。みんな、それぞれが面白いことやってんだけど、この人とこの人、会ったことない、みたいな。そんなでっかい街でもないから、物理的には遭遇し得るはずなのに。

小泉　神戸、横長やからなんですかね。

菱田　そうかもしれない。大阪の演劇業界はなんかあったらやたら集まるんですよ。ぼく「互助会」って呼んでるんですけど。お客さんもその中をぐるぐる回ってる。それはそれでちょっと羨ましいところあるんですけど、神戸は、ないですよ。つながってどうこういうのは。

神戸は「騒ぎ」が起こらない

菱田　実は、最近、劇場で舞台を作りながら、よく思うんですけど。一応、ぼくも立場的に、演者やスタッフには「なによりもまず、プロとしてお客さんを楽しませるねんで」とか熱いこと言うんですよ。一応、芸術監督だもんで。でも、やっぱり、いちばん楽しんでるのは、やってる側なんです。もう、それでええよなあって、最近ちょっと思い始めて。やっぱり、やってる人間が楽しくないのに、観てる人が楽しいわけがない、と。それって『ローカルエコノミーのつくり方』にご登場の皆さん、全員そうじゃないですか？

小泉　そう、そうですよ。

菱田　『ローカルエコノミーのつくり方』を読んで思ったのは、これに登場する人たちを見てると「わあ、楽しそうやな」って思ったけど、同じことをしようとは思わない気がするんです。吸引力という魔力はない感じ。でも、憧れはあるんです、この生き方に。真似しようとは思わないけど（笑）。

小泉　パワフルな「師匠」みたいな人が、神戸には、あんまりいないんでしょうね。

菱田　エートーもそうなんです。神戸に１００席の、こんな設備が整った劇場が出来てんのに、吸引力、魔力みたいな「騒ぎ」がなんら起きてないんですよ（笑）。いくらなんでも、もうちょっと騒ぎ起きたらええやんか、って思いますけど。ほんま〝そういうとこやぞ、神戸〟って思います。

小泉　１５０万人都市ですけど、あんまこう、中心がないから。たぶん、それぞれの区が独立国っぽいかんじではありますけどね、なんか。

菱田　国盗りゲームみたいな、覇道っぽい欲求も薄いし。

小泉　うん、そうですね。

菱田　やっぱり個人商店主が多いし、お互いあんまり干渉しないってことですかね。

小泉　菱田さん子供の頃は、近所にいはった人、みんな個人経営者ですか？

菱田　そうです。真珠商の息子とか、商売人ばっかりやったですよ。

小泉　今の神戸はサラリーマン多くて、そういう人の勤め先はポートアイランドに多い。おカネは持ってるんだけど、ポートライナーで三宮駅に着くとそのままＪＲに乗り換えて家に帰っちゃうので、三宮の街に人が流れ出さないんです。

菱田　街で何か面白いことをやるっていう場合、サラリーマンはどう参加すればいいんですかね？

小泉　あれじゃないですか、今、ふつうに会社で働いてたとしても、副業してエエよみたいな話になりつつあるんで。最近、神戸市役所も副業ＯＫになったんで。

菱田　ああ、そうなんですか！

小泉　はい、ボランティア活動してる人とかいたりして。そこからアマチュア文化が成り立つみたいな面白いことが膨らんでいくかんじがしますよね。

変なもんは路地にしかない！

菱田　北野の古いマンションって、オーナーご本人は別に格好良くしようと思って持っている物件じゃないと思うんです。ただ気がついたら古くなってて、それを面白がる店子が入るようになった。

小泉　うん、そうですね。

菱田　新しく入居を希望してる無名の芸術家に「君らはサラリーマンじゃなくて定期収入がないから貸せません」って、普通のオーナーだったら言いますよね。けど、北野でそういうことがないとしたら、それはやっぱりオーナーが〝変〟だからですか？

小泉　オーナーは「2つ」やってる人が多いように思います。ひとつはそれなりにちゃんと回ってるビジネスみたいなんがあって、もう一個は、遊びではなくてたぶん絶対計算してるんですけど、回ってるビジネスに何らかの関連性のある文化事業とか、世の中に対する貢献みたいなこと。その両方やってる人が最近多いな、と。我々も不動産業やりながらノンプロフィットな仕事、意識してやってる。で、「あの人そうやってちゃんと回してるから」って信頼してもらえるところもある。営利事業と非営利事業、その両方ミックスしながら会社経営してる人ってそれなりにいて。

菱田　なるほど、ここもそうか。

小泉　ええ。たとえばエートーさんもオーナーさんが病院経営されてて、病院経営と劇場経営が完全に頭の中でリンクされてると思います。ぼくの友達で「安全第二」をスローガンにしてる保育園が神奈川のほうにあって、海に連れてったり山に連れてったり、けっこう危なっかしいことさせる自然教育する保育園。そんなとこぜったい認定保育園受けれないですよね。でも、1～2歳児預かるほうは認定保育園でやってて、そこは補助金きっちりつくから、儲からないといけない。その黒字分を、3〜5歳児の自然派保育園のほうに回して、それでバランス取ってる。その自然派保育園がものすごい有名になることで、認定保育園のほうも絶えず人が入ってくるみたいな構図があって。

菱田　おお、なるほどー。

小泉　そうやったら余計儲かる、と。余計にいい形で回るんじゃないんですか。

菱田　投資っていうことですよね。

小泉　そうそう、実際、おカネ持ってる人には賢くやってもらわないと。しょうもないものにカネ使われても、世の中、無駄なだけなんで。そういう意味ではシアター・エートーのオーナーである理事長、凄い賢いおカネの使い方してはるなあ、って。

菱田　この劇場が建つ前、ここはオーナーが所有するコインパーキングだったんですが、ここがもっと敷地のある駐車場だったらどうなっただろうって思って。こんな小さな芝居小屋にはならなかったんだろうな、と。

小泉　不動産って、いいおカネに換わるところは、もう大概換わってるんですよ。中途半端なところが残ってて、そういうとこに文化的なやつはできやすい（笑）。

菱田　ああ、なるほど！

小泉　だから、変なもんは大概、路地にしかないですよ（笑）。

菱田　誰も目ぇ付けないですもんね。

小泉　はい、だから、行政が決めたルールで「4メーターの道に接道してないと建築物はいけません」みたいなぴかぴかのところは、ぴかぴかのビルが建ちますけど、そうでないところは変なもんになる（笑）。

菱田　だから、うちのお客さんがやたら道に迷って迷宮にはまり込むというのは、全然正解なんですね（笑）。

小泉　そうそう、そうです。今はもう、路地にしか面白いものは残ってないんです、ぴかぴかの道んところは、おカネに換わるから建て替えちゃう。

菱田　すると、路地だし、規制もあるし、おカネは儲からないなあってところだからこそ「面白く」できるかもしれない、と。

小泉　そうです。逆に言えば「面白くするしかない」。正直、経済原則でいうとうまくいかないから、「それやったらなんか面白いことしよう！」みたいになる（笑）。

菱田　そうかあ、そういうことか。ここは「なるべくして、劇場になった」わけだ。

雑居ビルオーナー（の息子さん）に訊いてみる

苦楽堂・石井伸介氏よりご紹介いただいたお二人めの対談相手は、「神戸三宮のど真ん中、繁華街のビル持ちの末裔」宰《さ》井《い》琢騰《たくま》さんです。初対面なのですが、宰井さんのお父さんが所有する生田《いくた》新道《しんみち》ビル[*11]は

＊11　生田新道ビル　神戸市中央区北長狭通の雑居ビル。現在は1階と地下1階が飲食店街、2階と3階がカラオケボックス、4階が郷土料理店、6階がインターネットカフェ。かつて中華料理店だった5階は、イベントスペースとして使われることがある。

東急ハンズのすぐ前で、私にとって〝毎日ウロウロしているあたり〟どころでなく、物心ついたころからの思い出もあり、ちょっとしたご縁もあった建物です。

事前にお聞きしたところ、宰井さんは生田新道ビルに文化人やアーティストを招き、「ここを使って何かしよう」と、多彩なイベントを仕掛けてきた、とのこと。お一人めの神戸R不動産代表・小泉寛明さんとの対談では、路地裏に生まれる価値、ニッチ（隙間）だからこそオリジナリティが発揮できる可能性ということが見えた（ような気がした）のですが、さて、宰井さんとのお話では何が見えるのか。

頑張るの嫌なんですよ

宰井　元々、ぼくたちの一族は台湾の華僑として神戸に来てまして。1918（大正7）年に神戸に来たというのが、祖父のお墓の横に書いてあります。当時は帽子商として来てたみたいです。当時、パナマ帽っていうのが大流行してたみたいで、日本と台湾で阿檀《あだん》*12っていう植物から模造パナマ帽を生産して、神戸に持ってきてたって記録が残ってます。

32（昭和7）年に帽子商として独立して、45（昭和20）年に製菓業に鞍替えしました。台湾人のコミュニティから砂糖を手に入れて、占領軍からのルートもあったんじゃないかなと。この頃に今の三宮の土地を手に入れたようです。で、祖父母は東京に進出して、「明治とか森永と一時期は肩を並べるところまでいった」「でも人に騙されて神戸に帰ってきた」という話を聞いたことがあります。

生田新道ビルのルーツはアルサロ*13の「サンスター」です。終戦後に曾祖父がアルサロにいち早く目を付けてたみたいで、「お前やれ」って祖父を神戸に呼び戻して出来たのが生田新道のビルのルーツです。

生田新道ビルは69（昭和44）年12月の竣工です。当時は2、3階が

*12 阿檀
台湾や沖縄に自生する熱帯性常緑低木。葉で帽子やうちわ、根でわらじやキセル材などをつくる。

*13 アルサロ
アルバイトサロンの略称。主婦や学生など素人女性がアルバイトでホステスをするキャバレーのこと。1950年代に大阪で始まったとされる。

アルサロ《サンスター》外観(現在の神戸市中央区北長狭通)[写真提供・宰井琢騰]

「これは《サンスター》のサンドイッチマンの写真ですね」(宰井)。
「……《バイト娘と未亡人の集団》……」(菱田)。[写真提供・宰井琢騰]

「《お色気24帖の夕べ》ってなんでしょう？」（宰井）。
「いや、オレに聞かんといてください（笑）」（菱田）。［写真提供・宰井琢騰］

「なんで《ソーラー族》なのか調べたんですけど、《ミーハー》という言葉が当時流行して、ミーハーより音階が高いってことで。でも定着しなくて（笑）」（宰井）
［写真提供・宰井琢騰］

「これは生田神社前、神戸最大のキャバレーだった『新世紀』です」(宰井)
「今、東急ハンズが建ってるところですね」(菱田)[写真提供・宰井琢騰]

1969(昭和44)年、生田新道ビルの竣工当時。[写真提供・宰井琢騰]

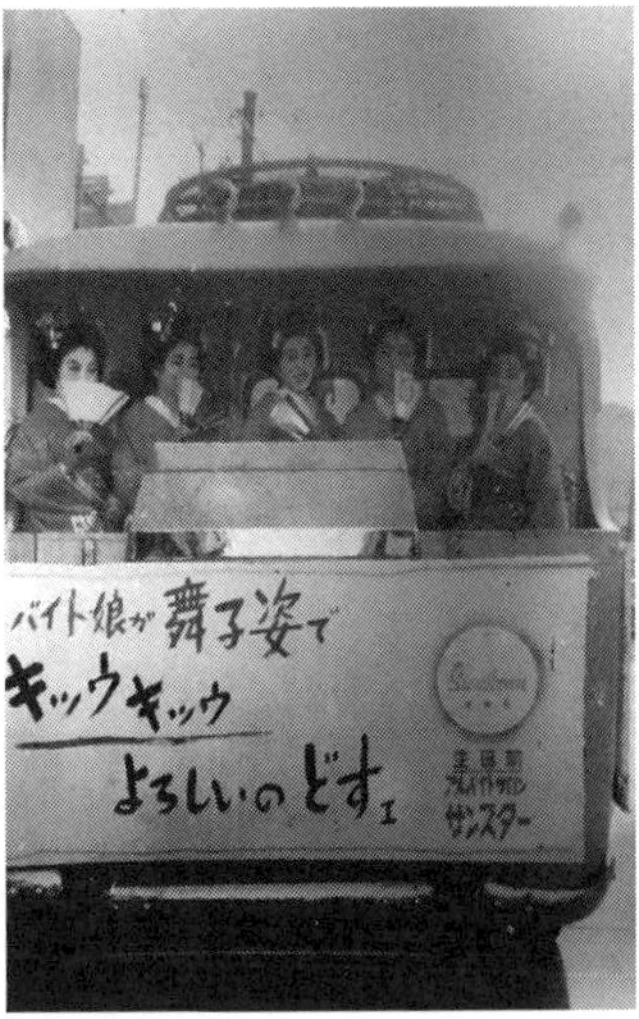

「昭和28(1953)年の写真です」(宰井)。
「終戦からまだ8年。ナメとる(笑)」(菱田)。
[写真提供・宰井琢騰]

ニュー・ジャパン、5、6階がニュー・チャイナ。「ニュー・ジャパン」は和装の女性が、「ニュー・チャイナ」はチャイナドレスの女性がお酒を注いでくれる場所だったそうです。4階がロッカールームで、地下1階と地上1階は飲食店。4階と5階が四川料理店の「マンダリンパレス」になってネオン看板が変わるのが76（昭和51）年で、2015（平成27）年まで営業していました。

菱田　写真……面白いなあ……。

宰井　祖父がカメラ好きだったみたいで、当時の三宮の写真がずいぶんとあるんです。

菱田　言葉は悪いんですけど、子供の頃は三宮あたりを「暗黒街」やと思ってたんですよ。北野坂から下はまったく空間が違う。生田新道ビルのあたりなんか、まさに大人のエリアって感じだった。大人の男にならなきゃそこには行けないよ、子供はダメだよ――みたいな不文律。

宰井　「俺もいつかはあそこに行くんだ」っていう感覚ですね。

菱田　実を言いますと、ぼく、二十歳くらいの時にイキってマンダリンパレスに行って飲めない酒を飲んでたら、宰井さんのお父さんらしき方に、そんなこと言われた記憶があるんですよ。

宰井　えー！

菱田　いや、ほんと、朧《おぼろ》げなんですけど。なんせ三十数年前の話だから。だけど、そういう不文律みたいなのが95年の阪神淡路大震災で完全に崩れた。

宰井　ああ、わかります。震災からいろんな雰囲気が変わった気がします。ぼくは震災の時、小学校3、4年なんですけど、ぼくは「がんばろう！　神戸！（注・上ずった明るい声）」っていうよりも、「がんばろ、神戸（注・声の抑揚がフラット）」っていう感じでした。

菱田　そう！　あの「がんばろう神戸」って……これ言うと差し障りあるかもしれないけど、でも、宰井さんには伝わるような気がするんだけど……そもそも、頑張るの嫌なんですよ、三宮の人間。

宰井　めっちゃわかります（笑）。

菱田　でしょ!?（笑）。単純なことでね、頑張った記憶ないんですよ、三宮生まれは（笑）。山も海もそこにあるし、うまいもんもあるし、いわゆる「おしゃれ」もあるし、なんでもあって。必死で頑張ってハングリーになった記憶なんか一切ないのに、なんで今さらハングリーを求められるんじゃ……って思いました、震災の後。だから「神戸好きやねん！」「神戸LOVE！」とか、そういう感覚も自分にはないんですよ。

宰井　「在る」もんや、と。

菱田　そう！　もともと在るもんやし。好きとか嫌いとか、NGとかYESとかどうでもいい。そんなこと言う人たちは、なぜ言うんだろう……って。

宰井　震災からなんですよね。きっと。

菱田　「ズレてきたな」って思うのはそのあたりからだと思いますね。だって、こういう写真、無茶苦茶じゃないですか（笑）。もう最高に楽しいなと思うわ。絶対、誰かがテキトーに思いついたんやろ？「お色気24帖」とか、「キツウ、キツウ」とか、最高やろ、と。誰も頑張ってないし、深く考えてない。おしゃれやなー、と思います。台湾から来た宰井一族が「戦争で焼けてもたな」「ほな、なんか安いアルサロ作るか」という感じで、こういうなんも考えてない雑多な、カオスみたいなのが神戸だったんだな、と思うんです。

　三宮も戦争で焼け野原になった、何もなくなった。だからといっていろんな国の人が、「あの昔の街を取り戻そう」と思ってやってたとは思えない。なんかぐっちゃぐちゃで始まって、結果、出来上がった過程がすんごい格好良かった。奇跡じゃないですか。だから何のビジョンも、何の思惑も、戦略も持ってなかったと思う。で、そうやって大人の魔界が出来上がっていった。

宰井　そうですね、そういう格好良さ。

菱田　この写真の中の人ら、帰結点というか、着地点なく飛んではるじゃないですか。なんかそういう、カオスのエネルギーですよね。だから感じるのは——自分たちの劇場とか、興行の中でも、こういうことを作ろうとしているんですよ。

宰井　ああ、そこ、つながってるんですね。

菱田　……ような気はしてるんです。「なんか気ぃついたらあんなやったね」という面白さでできるのがいいんじゃないかな、と。だからなんか戦略ありき、みたいなところで走ってはいけないような。でも、宰井さんはどうなんですか。生田新道ビルを使ったイベントとか、なんか「人がその街を愛し」（笑）、「その街に参加意識を持ち」（笑）、「がんばろうっ！」みたいに言ったほうが、聞こえは良い話だと思うんですけど。

作為じゃなく、目の前の何かを

宰井　ぼくも神戸にずーっと居るわけじゃないんです。高校卒業して、とりあえず大学は、遠くに行きたいと思って、京都に6年、関東の茨城に6年住んで、12年ぶりに、30歳になったときに帰ってたんですけど、こっち帰ってきたときに、生田新道のあたりって、チェーン店とか同じような感じのばっかりで、あんまりワクワクしないところになってて。なんか自分で、あそこの場所なんとかしたいなとは思ったんですよ。ビルの5階（旧マンダリンパレス宴会場）がたまたま空《あ》いているのもあって、なにかをやりたいなあ、と思ってたんですけど。

あと、ぼくは時を遡《さかのぼ》るのが好きなんで、「生田新道ってそもそもなんだったの」みたいなルーツを探っていくと、面白いもんある、と。おじいちゃんが撮った写真が押し入れにガーッと残ってて「これは面白い！」と。ビルの前に「新世紀」ってキャバレーがあって、それがドーム型の天井で、パカッと開いたらしいって聞くと、けっこうぼくの中でグサッときて。「それは知りたい！」となって。当時を知る人たちってリアルにこの世からいなくなっていく人たちなんで、聞けるんだったら今聞きたいなあと思って、そこらへんから、遡っていくアクション、たとえば、祖父の写真を見てもらって、い

2018年11月、生田新道ビル５階で開催されたトークイベント。神戸の鳥瞰図絵師・青山大介さん（本書装画の作者）の講演。［写真提供・宰井琢騰］

ろんな方から話を聞き出すイベントとか、いろいろ始めたんです。

菱田　でも、たとえばこの先、5階――旧マンダリンパレス宴会場のイベントも「こういう風にしようと思ってます」って言うたら、なんや小っちゃくなるかなと。

宰井　はい、なのでぼくもそれ、言えないんですよ（笑）。

菱田　「なんかソーホーみたいな、芸術家が集まる」みたいな。

宰井　あー、それも一時期考えたんですけど、やっぱ違うんですよね。しようと思ってできるものじゃないんだなって。自分が面白いなと思うことをやってたら人が集まってくるのが理想だし、それが一番わけわかんなくて、「何やってるの?」って言われて「いやあ、ぼく何やってるんですかね?」っていう感じですよね。作為じゃなく、もっと目の前のなにかを――。

菱田　目の前の。

宰井　アイザック・ヘイズ[*14]に"Do Your Thing"って曲があるんですけど、その言葉がすごく好きで。みんな「自分のことをやってた」

＊14　アイザック・ヘイズ　Isaac Lee Hayes, Jr.　1942年、テネシー生まれの黒人ミュージシャン。71年11月、サウンドトラックアルバム"Shaft"で（ジョン・レノン"Imagine"を引きずり下ろして）全米チャート1位を獲得。72年発表のシングル"Do your thing"には"Cause whatever you do, oh, you've got to do your thing"《あんたが何をするにせよ、あんたは自分のことをしなきゃいけない》という歌詞があり、19分半の曲の後半は、うねるように鳴るギターに重ね"do your thing"が繰り返される。

んじゃないかと思うんですよね。祖父自身も楽しんだんじゃないかと思いますし。「神戸をこういう街にしよう！」じゃなくて、自分たちで、廉価で楽しいものを手づくりでいっぱい考えたんだと思うんですよ。おカネ掛けて云々じゃなくて、純粋に面白いものを。

菱田　無邪気やし、自由。

宰井　自由な感じ、しますよね。それが「あっ、この人たちなんかわけわかんないから面白い、もっと知りたい」と心に残るのかもしれない。「東急ハンズがある場所に昔は新世紀というキャバレーがあって、天井はドーム型でパカッて開いた」という話をすると、若い子たちもすごい「へえーっ！」ってなるんですけど、ヘタに「若者向け」というより、もっとぼくの好奇心に沿って動物的にやるほうがいいのかもしれない。「調べてどうすんの」ってよく言われるんですけど（笑）、「んー。別になんかそのまま」っていうか（笑）。

菱田　「これを何かに活かすっていうこと？」って訊き方してくる奴って腹立ちませんか？

宰井　そうですねそうですね（笑）。

菱田　ねえ。部屋に「タクシードライバー」の映画ポスター貼ってるからって、体鍛えて拳銃を仕込もうとは思わないわけで。なんでそれ訊くんですかね。そんな、理由なんてないじゃん、と。宰井さんもこれ（と宰井さん持参の写真を指し）を見て、この時代を再現しようなんてさらさら思ってへんと思うし。

宰井　はい、もうそれは。

菱田　思ってたらこんなもん見てない。ノスタルジーじゃないと思うんですよ。

宰井　そう！　そうなんですよ。ノスタルジーじゃないんです。

菱田　ぼくも「あれをもう一度、今の時代に再現できないか」なんて、一切思ってないですから。ノスタルジーじゃないってことは絶対、ぼくと宰井さんの間で共通してると思います。歳はかなり違うんですが、生まれが神戸、三宮の者《もん》という共通点を持った方に会ってスイッチ入って、言わんでいいこと言うてしまいそうなんですが、たとえば、シアター・エートーができて、新聞記者さんとか、いろいろな方から訊かれるわけです。「この劇場のコンセプトは？」って（笑）。

宰井　コンセプト！　ふふふ（笑）。

菱田　でも、理事長いわく「（妻である）大志田支配人が機嫌ようなれば」っていうぐらいの話なんですよ。それを、芸術監督は、なんとか理論武装せなあかん。「街の賑わいをここに」とか「ここを文化拠点の発信源として」――。

宰井　とりあえず皆を安心させる言葉として、ということですね。

菱田　けど、ごめん――思ってない（笑）。でもね！　それが神戸やねん、なんか、気質やねん、って。だって戦略も計画もないですよ。お客さんには、来てほしいです。それは実際。でも、来なかったら来なかったで「なんじゃこれ」ってヘラヘラ笑ってるし。で、ここが奇跡なんですけど、理事長がいちいち公演の経費見て「客入ってへんじゃないか」みたいなことはないんですよ。

宰井　へえええ、なんか凄いですねそれ。

菱田　「機嫌よう、やれたんか？」「やあ、むっちゃ楽しかったです」「ほな、ええがな」みたいな（笑）。

宰井　そうか、なんとなく、かつての神戸の感覚と一緒な感じ。

菱田　だから、ここは居心地いいんやと思う。目標数値とか、ないですもん。「何年目に貸館率何％達成！」とかないですもん。これが大阪やったら「おお、お客入れるために頑張っとんか！　よしゃ！　ワシは行くで！」って、そういう気分でお客さん、来そうな気がします。で、すんごい、めんどくさい気がする（笑）。「花のれん」[*15]やないんやから。言うたらあかんことなんですけど、ここは無計画さ、無秩序さが、いつか結実したときに、面白かったらいい（笑）。

宰井　結果的に出来上がったのはこうかもしれないけど、っていう感じですよね。

菱田　はい。劇場として、ぼくはそれでいいと思うし。「こうなるべきです」「こうなりたいです」ってビジョンや宣言って「要らん」って。

……と、いうことで、入れたらあかんスイッチを宰井さんに入れ

＊15　花のれん
山崎豊子の小説。1958（昭和33）年第39回直木賞受賞作。主人公・多加のモデルは、吉本興業の創業者・吉本せい。

られてしまいました。ありがとうございます。

宰井　ああっ、ありがとうございます。

おわりに

2018年10月1日（月）から4日間、私は平日の夜に演劇を上演する「ウイークデーナイトスペシャル」の2回目を開催しました。月曜から木曜まで毎夜一公演。この『52：48』（ごじゅうにたいよんじゅうはち）というタイトルの作品の内容は「一組の二十代夫婦がマンションの一室で過ごした60年間」を四夜連続（第二夜が四十代、第三夜が六十代）に分けて観ていただくという趣向です。

つまりこの時、1回の公演で4作品作ったことになります。

最終夜は八十代を過ぎて亡くなった夫婦の葬式に、60年間ふたりを取り巻いていた同じマンションの住民が集まり、過去に起きた様々な事件を思い返し合うというエピソード。高齢者たち（全夜、同じ役者が少しづつ歳を取っていく演技を作ってもらいました）が、ここであんなこともあったこんなこともあった、あれ？　あれはどうなっ

「52:48」公演フライヤー
（イラスト／カイマミカ）

た？　あぁ、あれがこうなったのかと言い合い大騒ぎになり、やがて部屋の主が亡くなったことなど完全に忘れてしまいます。

　ラストは取り壊しが決まったマンションの一室で、ここに住んでいた夫婦が、解体されていく部屋（実際に舞台美術を壊していきました）を静かに眺めながら終わっていきます。

　ちょうど台風24号（チャーミー）、台風25号（コンレイ）がダブルで日本に迫っており、二夜か三夜の公演日に神戸直撃の可能性が出ていました。交通機関のマヒなどでやむを得ず一夜でも公演中止となった場合、連続でつながっている芝居ですから役者の感覚も狂います。途中のエピソードが成立しないままでの最終夜は相当に間の抜けた公演になってしまうと危惧したのですが、幸い台風はふたつとも公演の時間をさけて通過してくれました。

　この企画は、月曜に観に来られたお客様が「続きが観たい」と感じて翌日から「劇場に通う」ということを実現させられないかと企み、立てたものでした。結果、全夜通しで観に来られたお客様も多数おられたのですが、全体の収益としては惨敗でした。作った作品の内容に自信はあるものの、集客率が4回通じて6割にも満たなかったのですから、私はまあまあ落胆しました。

集客の戦略を見間違えたのか？　作品に求心力がなかったのか？　このままで来年も平日公演を押し切れるのか？

公演が終わってから必ず繰り返される自問自答を、私は引きずっていました。

公演のちょうど1週間後、エートーで一般貸館によるカラオケ大会が開催されました。

主催者はエートーから歩いてすぐの加納町にあるカラオケスナックのママさんです。私が小さな頃からある雑居ビルの地下で、ビルの開業時から続いているスナックですから、ママさんも八十代後半です。「六本木心中」を歌っていた頃のアン・ルイスがそのまま歳を取ったようないでたちのママさん（以下アンママ）は、数カ月前に「客からここのことを聞いた」と、突然、飛び込みでエートーに現れ、劇場内を見学し、その場で日程を押さえ、劇場利用料全額を即金で支払ってくれました。

　カラオケ大会は店の常連が参加費を払って出演します。お客様として見に来るだけでなく、観に来た人たちが順番に舞台に上がってお好きな曲を3曲、2コーラスだけ順に歌い続けるという形式。この、スナック主催の年1回の「カラオケフェスティバル」はこれまでは公民館の舞台などを使っていたそうなのですが、アンママいわく「いっぺん、キレイな照明でカラオケやってみたいと思ってん。店の近くにこんなええ劇場あるとは知らんかったわ」。

「当日のお客様は何人くらい来られますか」と聞いた私に、アンママは「年寄り１００人！」と高らかに宣言。ほな、これから店やから、と、元気に去っていったのです。

　前日、2階調整室にスナックから持ち込んだカラオケ機器を設置し、迎えた公演当日。

私はアンママから手渡された３００曲ほどのナンバーをその都度、機械に打ち込む役です。

アンママが言った通りのお客様が朝8時から続々とエートーに集まり出しました。カラオケ大会は午前11時から午後6時までほぼノンストップ。客席に座った方々が順番に楽屋に上がってドレスや着物、タキシードといった「気合の入った」衣装に着替え、それこそ入れ替わり立ち替わり舞台に上がり、お好みの曲を歌いまくります（ちなみに客席に座る皆様はほぼ他人の歌を聴いておりません）。

村上はマイクのエコーや音量を調整しつつ、曲に合わせて赤や青や紫やと照明の操作。

船野は劇場にたどり着けず、駅前をさ迷っているお客様（同時に出演者）を迎えに走り、行澤は3階楽屋から1階の劇場に降りる出演者の誘導および客席での移動を介助。

「その曲ちがう〜！　ヒバリや〜〜！」

私が打ち込んだ曲のイントロが流れた瞬間、舞台に立った和服の奥様からエコーの効いたマイクを通して怒鳴られました。どうやら、同じ曲名でも「美空ひばりヴァージョン」がご希望だったらしく、慌てて差し替えます。

行澤が慌てて調整室に飛び込んできて「順番入れ替えです！　37番目の○○さん、来るの、やめたそうです！」。即座に順番の入れ替えを確認する私と村上。あとから入ってきたアンママが私たちに詫びつつ「ほんまにあの子は。ドタキャンて、子供みたいな真似して！」。子供みたいなと言われた○○さんのご指定の曲はペギー葉山「南国土佐を後にして」でした。

突然、調整室に入ってきた、鮮やかな真紅のスーツでキメたお父様が「ぼくな。キーは2つ下げて」とおっしゃいます。「どの曲ですか？」とお聞きしますと、お父様の出番はまだ1時間以上も先です。わかりました、キー2つ下げですねとメモを取る私の横で、お父様が村上にこっそり言いました。

「照明は真っ赤にしてや」。どんだけ好きですか、赤。

お茶と幕の内弁当が参加者全員に1階受付で配られているのですが、受取場所を事前に聞かされていない（あるいは聞いたけど忘れた）方々が船野を取り囲んで「弁当！」と迫ります。
予定の曲をすべて歌い終わった後、マイクを持ったまま劇場を出ていってしまった奥様を行澤がダッシュで追いかけます。

4階多目的室は休憩用に開放していたのですが、ご家族が観覧に来て楽しい会話に花が咲いたのか、出番が来ても下りてこないお父様がおり、マイクを回収してようやく帰ってきた行澤が再び階段をダッシュで駆け上がります。

そんな中でも、2階調整室には「キーを変更」「曲を差し替え」「客席が暑い」「孫の席を確保して」という声が次から次へと飛び込んできます。

「空調、下げてー！」

「菱田さん、ピンスポ出してください！」

「あ、あの奥さん、マイクの手元スイッチ切ってるー！」

「後ろの席、空いた！　押さえてー！」

私と村上は戦闘中の潜水艦操舵室にいるような気分になっていたかもしれません。


すべての歌が終了したのは予定より押した午後7時過ぎでした。戦い済んで日が暮れて、調整室で後片づけをする私と村上のところに差し入れの胡蝶蘭を担いだアンママが現れました。

「またエートーさんでやるわ！　次は生きて出られる人間が半分になってるかも知らんけど！」とケラケラ笑い、ほな、これから店やから！　と、嵐のように去っていきました。


実はその日、私は経理の岩田和子から、1週間前の芝居の収支決算書を提出するよう迫られていました。惨敗で終わった公演を一から見つめなおさせられる地獄の責めみたいな残務処理です。

あー、今からやんなきゃと暗い気分で3階に上がった私に、船野が困った顔で近づいてきました。「菱田さん、楽屋……」

楽屋に入ると、なぜか床一面がキラキラと輝いています。よく見ると、楽屋から舞台に続く道にも転々と金や赤の粉が点在しています。まるで「ヘンゼルとグレーテル」のパンくずみたいです。

それは、本日ご出演だった奥様方がこの日のためにとあつらえ、持ち込んだドレスに付いていたラメでした。気合い一発、ステージに向かう奥様方が残していった、「かけら」だったのです。

こりゃー、掃除が大変だわと船野に言いながら、「どうでもええわ決算書！」と思えました。


いつか私も神戸三宮シアター・エートーでの日々を思い返す時、ここであんなこともあったこんなこともあった、あれ？　あれはどうなった？　あぁ、あれがこうなったのかと役者たちと言い合い大騒ぎになるのかもしれません。その時、私は映画「ゴッドファーザーＰＡＲＴⅡ」で、ギャングの大物ハイマン・ロスが叫んだ名セリフを口にできたらいいな、と願っています。

"this is the business we've chosen!"（これがオレたちの選んだ仕事だ！）

さて、２０１８年（平成30年）夏に苦楽堂・石井伸介氏よりお話をいただき、神戸三宮シアター・エートーの日々をつづり始め、ようやくこのあとがきを書いているのは元号も令和となって2年目、２０２０年1月末です。

実は前段の"this is the business we've chosen!"まで書き上げたのが２０１９年の8月。そこから、校正、手直しを繰り返しつつ、なおも劇場で日々起きる大小さまざまなあれこれを乗り越えるうち、どんどん時間が過ぎてしまいました。

２０１９年10月、演劇ユニット「ｈｉｓｈｉｄａｓ」は第5回目の公演を再度、赤字で無事（？）に終了。その初日の本番直前、神戸市よりご連絡をいただき、なんと「令和元年度　神戸市文化奨励賞」を受賞いたしました。神戸市が発行したパンフレットには受賞理由のひとつに「平成29年には神戸三宮シアター・エートー芸術監督に就任～多岐にわたる舞台芸術をプロデュース……」と記していただき光栄至極なのですが、その栄《は》えある賞の贈賞式からわずか3日後――。前年に劇場使用料をガッツリ踏み倒したまま忽然と姿を消した某劇団の代表（日本各地で劇場代を踏み倒している常習犯でした）と直談判すべく、執念の追跡で居所を突き止めた行澤孝（この某劇団の受け入れ担当者でした）と2人、ＩＣレコーダー片手に大阪南部の某劇場に乗り込んで、開場前の舞台でご当人と「小屋代払え、払わない」の押し問答。挙句の果てに「てめえら本番前にとんでもねえ営業妨害だ！　出ていきやがれ、●●（自粛）野郎！！」などとナゾに罵られまくるというカオスな状況を経験しました（現在も係争中）。

　しかしながら――。おかげさまで神戸三宮シアター・エートーは

２０１９年の年末、怒涛のような貸館イベントが続き、なんと大晦日の深夜まで村上泰児以下の全スタッフが劇場に詰めるという、芝居小屋としてはありがたい状況となり……。

　奇跡の白フン男は、師走の連日連夜、すべてのイベントの舞台周りを孤軍奮闘で仕切り続け、血走った眼で２０２０年の初日の出を拝んだそうです。

　この本の執筆初期段階において、作家・成海《なるみ》隼人《はやと》氏にご協力いただきました。私があれこれと脈略なく話し続けるエピソードを根気よく文章に起こし、初稿構成の基礎を作ってくださいました。はるか昔に私が持っていたある脚本家講座の聴講生だった彼は、２０１９年12月、処女小説『尼崎ストロベリー』（幻冬舎メディアコンサルティング）を出版。「新進気鋭の作家に手伝わさせたんだぜ」という自慢ができそうで、こちらも光栄です。ありがとうございました。

また、本書執筆においてご協力くださいました関係諸氏、スタッフ、役者の皆さん、そして劇場の図を描いてくださいました鳥瞰図絵師の青山大介画伯に、この場を借りて感謝の意を表します。なによりも苦楽堂・石井伸介氏の厳しく、正しく、なによりも愛ある校閲があったればこそ、出版までたどり着くことができました。

本当にありがとうございました。

この本を読んでくださった方が、御一人でも琴ノ緒町の芝居小屋へ足を運んでくださることを祈りつつ——。

菱田信也

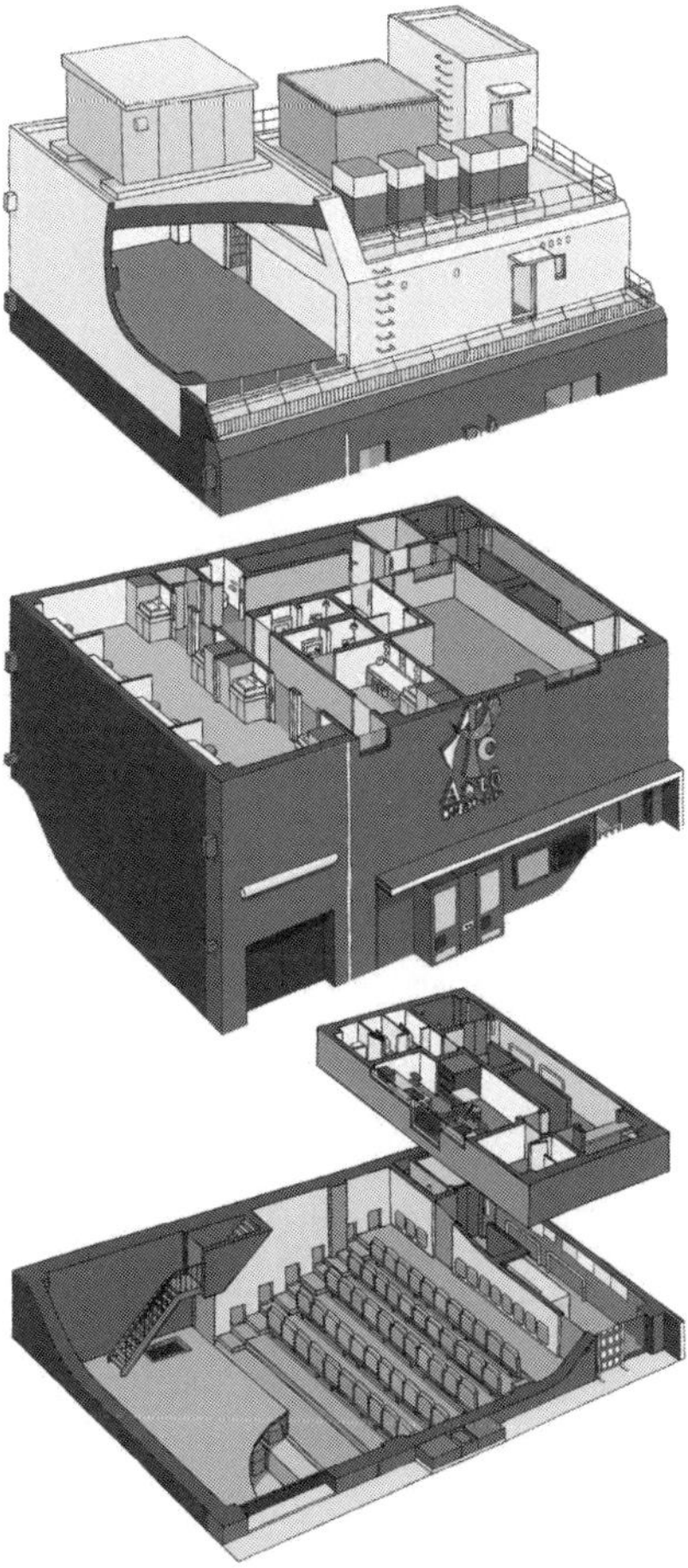

関連年表（敬称略）

年	月	神戸三宮シアター・エートーと神戸と関西演劇界	その頃の日本と世界
1898（明治31）	10月	熊田三星堂薬舗、神戸元町通6丁目に創業	米西戦争
1904（明治37）		Oriental Club（現・インドクラブ）発足	日露戦争開戦
1905（明治38）	4月	阪神電気鉄道、三宮－出入橋（大阪）開通	ポーツマス条約締結
	11月	湊川新開地の誕生	
1912（大正元）	11月	川崎造船所、ガントリークレーン竣工	中華民国成立
		神戸・塩屋にグッゲンハイム邸建設	
1913（大正2）	8月	新開地に聚楽館開館	第一次護憲運動
1917（大正6）		鈴木商店、売上額が三井物産の一・五倍に	ロシア革命
1918（大正7）	1月	宰井一族、台湾から神戸に移る（第5章参照）	第一次世界大戦終戦
	8月	鈴木商店焼き討ち	
1919（大正8）	9月	川崎大争議（8時間労働制導入）	関東軍創設
1920（大正9）	7月	阪神急行電鉄（現・阪急電鉄）十三～六甲間開通	国際連盟設立
1932（昭和7）	6月	宰井一族、帽子商として独立（第5章参照）	5・15事件
1938（昭和13）	7月	阪神大水害	国家総動員法
		神戸・湊山に「湊山温泉」開業	
1945（昭和20）		神戸大空襲（3月および6月）	日本敗戦
	4月	宰井一族、神戸で製菓業を始める（第5章参照）	
1953（昭和28）		宰井一族、神戸・三宮でアルサロ「サンスター」を開業（第5章参照）	朝鮮戦争休戦

1955(昭和30)		三星堂、神戸・北野の旧ドイツクラブ建屋を本社ビルとして購入	神武景気
1957(昭和32)	2月	**前田章、兵庫県宍粟郡(現・宍粟市)に生まれる**	スプートニク打ち上げ
1964(昭和39)	2月	兵庫県警「第一次頂上作戦」開始	東京オリンピック
1966(昭和41)	5月	**菱田信也、神戸市中央区に生まれる**	文化大革命
1967(昭和42)	3月	**大下順子(現・大志田詢子)、京都府舞鶴市に生まれる**	公害対策基本法公布
1968(昭和43)	6月	「島之内小劇場」オープン(大阪市中央区)	日本のGNPが世界第2位に
1969(昭和44)	12月	生田新道ビル竣工	アポロ11号月面着陸
1971(昭和46)	7月	「プレイガイドジャーナル」創刊	ドルショック
1976(昭和51)		京都大学で「劇団卒塔婆小町」結成	ロッキード事件
		生田新道ビルに「マンダリンパレス」開業(第5章参照)	
1978(昭和53)	7月	大阪・梅田の阪急ファイブ8階に「オレンジルーム」オープン	米中国交正常化
	8月	兵庫県立尼崎青少年創造劇場(ピッコロシアター)オープン	
1980(昭和55)	10月	大阪芸術大学で「南河内万歳一座」結成	光州事件
	11月	大阪芸術大学で「劇団☆新感線」結成	
1983(昭和58)		神戸・北野に「シアターポシェット」オープン	大韓航空機撃墜事件
1984(昭和59)		京都北大路に「アートスペース無門館」オープン	
1985(昭和60)	3月	大阪市北区に「扇町ミュージアムスクエア(OMS)」オープン	プラザ合意
	4月	「吹田市文化会館(メイシアター)」オープン	
	10月	大阪市天王寺区に「近鉄劇場・近鉄小劇場」オープン	
1988(昭和63)	3月	神戸・生田神社前に東急ハンズ三宮店開店	青函トンネル、瀬戸大橋開通
	10月	神戸・北野に「新神戸オリエンタル劇場」オープン	
	11月	伊丹市立演劇ホール(アイホール)オープン	
1989(平成元)	4月	**大下順子、大阪芸術大学を卒業。舞台芸術学科副手就任**	消費税開始

1990（平成2）	3月	**24日、菱田信也、心斎橋筋2丁目劇場にてプロの劇作家としてデビュー**	
		企業メセナ協議会発足	
1991（平成3）	4月	大阪・千日前に「TORII HALL（トリイホール）」オープン	湾岸戦争
1992（平成4）	3月	大阪・東心斎橋に「ウイングフィールド」オープン	公示地価17年ぶりの下落
1993（平成5）	12月	扇町ミュージアムスクエア、メセナ大賞受賞	北海道南西沖地震
1994（平成6）	1月	**前田章、北須磨病院に赴任。**	
	2月	**【閉鎖】**オレンジルーム	村山内閣発足
	4月	**菱田信也、神戸に「劇団NIWATORI」旗揚げ**	
	秋	**前田章・順子夫妻、神戸に移住。**	
1995（平成7）	1月	阪神淡路大震災	地下鉄サリン事件
	10月	「劇団赤鬼」神戸で結成	
	12月	**震災の影響により「劇団NIWATORI」活動停止**	
1996（平成8）	4月	神戸・新開地に「神戸アートビレッジセンター（KAVC）」オープン	住専処理法可決
		「アトリエ劇研」（旧アートスペース無門館）オープン	
	8月	**「医療法人社団菫会」設立（理事長・前田章）**	
		前田章・大下順子、神戸・新芙蓉ビルにバレエスタジオを開設	
1998（平成10）	3月	**【閉鎖】**島之内小劇場	明石海峡大橋開通
1999（平成11）	10月	**「社会福祉法人すみれ会」設立（理事長・前田章）**	ジャイアント馬場没
2003（平成15）	3月	**【閉鎖】**扇町ミュージアムスクエア	イラク戦争
	6月	指定管理者制度導入（民間組織への公的施設管理運営委託が可能となる）	
2004（平成16）		**【閉鎖】**近鉄劇場、近鉄小劇場	スマトラ大地震
	3月	大阪城ホール西倉庫に「ウルトラマーケット」オープン	
	10月	大阪市中央区に「精華小劇場」（大阪市初の公立劇場）オープン	

2005（平成17）		神戸アートビレッジセンター、指定管理者制度導入	JR福知山線脱線事故
		菱田信也、第57回読売文学賞戯曲・シナリオ賞受賞	
2008（平成20）		**前田章、神戸市中央区琴ノ緒町に土地を購入しコインパーキング開設**	リーマンショック
2009（平成21）		神戸・新長田に「Art Theater dB 神戸」オープン	民主党政権発足
	4月	**菱田信也、Art Theater dB 神戸プロデュース「神戸市民劇団Ｖｉｎｔａｇｅ」監督に就任**	
2010（平成22）	12月	【閉鎖】ウルトラマーケット	ハイチ大地震
2011（平成23）	3月	【閉鎖】精華小劇場	東日本大震災
2012（平成24）	6月	「劇場、音楽堂などの活性化に関する法律」（劇場法）成立	習近平政権発足
2013（平成25）	11月	神戸・北野に「ダルビッシュ・コート」オープン	アベノミクス始まる
2014（平成26）	4月	兵庫県豊岡市に「城崎《きのさき》国際アートセンター（ＫＩＡＣ）」オープン	御嶽山噴火
		「神戸市民劇団Ｖｉｎｔａｇｅ」、「神戸の劇団Ｖｉｎｔａｇｅ」に改称、村上泰児が座長に就任（2016年11月、活動停止）	
2015（平成27）		神戸市の人口が福岡市に抜かれる	安全保障関連法成立
		神戸・東遊園地で「ファーマーズマーケット」開始	
2016（平成28）	12月	**菱田信也、神戸三宮シアター・エートー芸術監督就任**	熊本地震
2017（平成29）	4月	**神戸市中央区琴ノ緒町に「神戸三宮シアター・エートー」オープン**	トランプ政権発足
	8月	【閉鎖】アトリエ劇研	
2019（令和元）	7月	2・5次元ミュージカル専用劇場「AiiA 2.5 Theater Kobe」が、新神戸オリエンタル劇場跡地にオープン	香港大規模デモ
	9月	第0回豊岡演劇祭開催（フェスティバルディレクター・平田オリザ）	
	11月	**菱田信也、神戸市文化奨励賞受賞**	
		神戸市の人口が川崎市に抜かれる	

地名（建造物名を含む）

事項名

組織団体名
(劇団・劇場, 商業施設を含む)

作品名
（舞台・催事・音楽・映画・出版）

人名

著者略歴

菱田信也（ひしだ・しんや）

1966（昭和41）年、神戸市生まれ。劇作家・脚本家・演出家。神戸三宮シアター・エートー芸術監督。劇場付属劇団「hishidas」「Jr.ミュージカル劇団 ミュージェルKobe」主宰。よしもとライターズアカデミーウエスト総合学科長。主なテレビドラマ脚本作品に、時代劇シリーズ「オトコマエ！」（NHK、2008）、「再生の町」（NHK、2009）、「ジウ〜警視庁特殊班捜査係」（誉田哲也原作、テレビ朝日、2011）ほか。2001（平成13）年、戯曲『いつも煙が目にしみる』で第1回近松門左衛門賞優秀賞受賞。2006（平成18）年、戯曲『パウダア〜おしろい〜』で、第57回読売文学賞（戯曲シナリオ部門）受賞。2019（令和元）年、神戸市文化奨励賞受賞。著作に『再生の町』（TAC出版、2010）、『震災脚本家 菱田シンヤ』（エピック、2015）。

芝居小屋戦記——神戸三宮シアター・エートーの奇跡と軌跡

2020年4月24日　初版第1刷発行

著者　菱田信也

発行者　石井伸介
発行所　株式会社苦楽堂
〒650-0024　神戸市中央区海岸通2-3-11昭和ビル101
Tel & Fax:078-392-2535　http://www.kurakudo.jp

カバーデザイン　原 拓郎
カバー装画　青山大介
組版　苦楽堂（索引校正協力／市野新一朗）
印刷・製本　中央精版印刷株式会社
ISBN　978-4-908087-11-0 C0095

本文仕様
本文　FOT-筑紫明朝 Pro M（フォントワークス）
小見出し　FOT-ニューシネマA Std D（フォントワークス）
欄外脚注　FOT-筑紫明朝 Pro R（フォントワークス）

装幀仕様
カバー　NTストライプ／プラチナホワイト／四六判Y目130kg／グロスニス仕上げ
オビ　OKトップコート＋／四六判Y目110kg／グロスPP仕上げ
本表紙　ファーストヴィンテージ／ベージュ／四六判Y目172kg
見返し　羊皮紙／雪／四六判Y目110kg
別丁扉　NTラシャ／スノーホワイト／四六判Y目100kg
本文　クリームエレガバルキー／四六判Y目75kg
しおり　デュークブラウン／ベージ／四六判Y目155kg